Klett-Cotta

AR
AME
-ARME

Ein Essay

MES
RIKA

Erwin Chargaff

WELT

Shape without form, shade without colour,
Paralysed force, gesture without motions.
T. S. Eliot, The Hollow Men (1925)

ERSTER TEIL

I

Drei Jahre vor seinem Tod beschloß der sehr große, sehr kranke Dichter Charles Baudelaire, Paris zu verlassen und nach Belgien zu übersiedeln. Das geschah im April 1864. Es war gesundheitlich und geistig mit ihm bergab gegangen; er konnte für die von ihm geplante Sammlung seiner Werke keinen französischen Verleger auftreiben; er war von Gläubigern bedrängt. Er hatte die französische Sprache, als Sprache der Dichtung in Vers und Prosa, von dem Schleim aus Zuckerwasser und Patschuli befreit, der sie seit der Barockzeit immer mehr verklebte, und sie bereitgemacht für den großen lyrischen Aufschwung der nachfolgenden Generation. Mallarmé, Verlaine, Rimbaud, Nouveau, Lautréamont gehörten zu seinen Bewunderern, aber der Hautgoût der Gesellschaft unter Napoleon dem Dritten blieb undurchdringlich.

So ging Baudelaire nach Brüssel, hielt einige erfolglose Lesungen in belgischen Städten, stieß auf völlige Ablehnung von seiten der Verleger und war bald schwer enttäuscht. Das häßliche Französisch, das er hörte, der abstoßende Stil der Journale, die Dummheit der Konversationen: alles atmete eine Niedrigkeit und Bosheit, die weit über das hinausgingen, was er in Paris verabscheut hatte. Die Traufe, in die er geraten war, war schweinischer als der immerhin sanfte Regen von Paris. Ihn faßte ein unbeschreiblicher Haß gegen alles Belgische und er begann, Material zu sammeln für ein Buch, das er *Pauvre Belgique* nennen wollte. Es wäre gewiß das schärfste Pamphlet geworden, das jemals gegen die Bourgeoisie geschrieben worden ist. Aber es kam nicht dazu. Als Baudelaire nach zwei Jahren aus Belgien nach Paris zurückgebracht wurde, war er viel zu krank und unfähig zu schreiben, ja sogar zu sprechen. Es wurde eine viele Monate währende Agonie, obwohl die wunderschönen Porträtphotographien, die auf uns gekommen sind, ein edles und rührendes Gesicht darstellen.

Die von Baudelaire verfaßten Notizen und die von ihm gesammelten Zeitungsausschnitte und anderen Materialien wurden in ihrer Gesamtheit erst 83 Jahre nach seinem Tod unter dem vom Autor gewählten Titel veröffentlicht. Jetzt ist der seltsame Text in der Pléiade-Ausgabe leicht zugänglich. Fast alles, was darin steht, werden die meisten Leser als veraltet verwerfen, jedoch völlig zu Unrecht. Die Leidenschaft, die ein großer Dichter selbst einem Komma einzuflößen vermag, veraltet niemals. Manchmal kann man aus der Asche eines Feuers mehr lernen als aus dem Feuer selbst. (Das gilt auch besonders für Karl Kraus, dessen „Glossen" häufig nur aus Zitaten bestehen.)

Jedenfalls ist mir Baudelaires Titel oft in den Sinn gekommen, wenn ich über die Vereinigten Staaten nachdachte, das Land, dessen Bürger ich seit mehr als fünfzig Jahren bin, und das mir in finstern Zeiten Zuflucht geboten hatte. Im Gegensatz zu Baudelaire kann bei mir von Haß keine Rede sein, eher von Trauer darüber, daß ein von einem anständigen Volk bewohntes schönes, großes Land Anlaß gab zu so vielen Einwänden, auf die ich bei allem guten Willen keine Antwort fand. Glücklicherweise hat Amerika in seiner ganzen Geschichte keine Figur hervorgebracht, in der sich Schuld, metaphysische Schuld, so personifizieren ließe, wie es, sagen wir, in Deutschland der Fall ist. Über Amerika gibt es zweifellos viel mehr nachzudenken als über Belgien. Als ich daranging, einige Beobachtungen zusammenzuschreiben, fiel mir

Baudelaires Titel für sein Belgienbuch ein, und ich borgte ihn mir aus. Wie es mir erscheint, hat sich nämlich die Lage Amerikas seit dem Ende des Zweiten Weltkriegs dauernd verschlechtert, und ich sehe kein Ende.

Der hier gewählte Titel will aber noch mehr sagen, nämlich, daß Amerika dem Rest der Welt nur wenig voraus ist. Der Selbstmord der Sowjetunion hat die einzige Alternative, die gegenwärtig denkbar gewesen wäre, beseitigt. „Wie Amerika geht, so geht die Welt“ ist eine trostlose Formel; aber kommt es wirklich darauf an, mit welchem kapitalistischen Öl die staatsmännischen Köpfe, die über unseren Geschicken wackeln, gesalbt sind?

II

Was hat einen so vielschichtigen, so schwer an sich tragenden Dichter wie Cesare Pavese veranlaßt, sich für Hemingway zu begeistern? Ich glaube, es war die anscheinend wortkarge, angeblich aus dem Herzen kommende Primitivität, die Pavese und die um den Verlag Einaudi in Turin gruppierte Schar von Schriftstellern anzog. Daß diese Leichtigkeit mühsam erworben war, sorgfältig als Warenmarke konstruiert, daß sie das vorstellte, was die amerikanische Sprache zugleich verächtlich und anerkennend einen *gimmick* nennt, einen Trick, einen Kniff, konnten die Uneingeweihten nicht erkennen. Falsches Pathos hatten sie unter Mussolini gelernt, aber unehrliche Ehrlichkeit?

Ich bin seinerzeit nicht darauf hereingefallen, zumindest seit ich *For Whom the Bell Tolls* gleich nach dem Erscheinen gelesen hatte. Trotz meiner Sympathie für die spanischen Republikaner war mir der Roman irgendwie unangenehm. Gegen kommerzielle Herzenstöne hatten mich einige Jahre in Amerika, und schon vorher die Lektüre der *Fackel,* gestählt. Das soll allerdings nicht heißen, daß an der Schriftstellergeneration, der Ernest Hemingway und F. Scott Fitzgerald angehörten, nicht auch manches Gute war. Sie hatten endlich Schluß gemacht mit den seichten *romans-fleuves* der vorhergegangenen realistischen oder romantoiden Schreiber und auch mit den immer langweiliger werdenden unbegabten Epigonen des großen Henry James. In ihren Werken wehte eine frischere Luft, aber sie roch nach Hollywood. Gerade das mag den von Faschismus und Weltkrieg arg mitgenommenen Europäern angenehm vorgekommen sein. Das war wahrscheinlich auch der Grund für den Erfolg des stark überschätzten Albert Camus.

Ich aber war eher überempfindlich geworden gegenüber Vulgarität und Leere, denn dies waren die ersten Eindrücke, die mich anwehten, als ich im Herbst 1928 zum ersten Mal den Boden der Vereinigten Staaten betrat. Es war ein überaus schmutziger Boden, voll von zerfetzten Zeitungen, zerbrochenen Kartons und noch zerbrocheneren sprachlosen Hilflosen. Ich rechnete mich nicht dazu, denn ich war jung, wußte, wohin ich gehen sollte, und sprach ein besseres Englisch als die Einwanderungsbeamten, die bald anfangen sollten, die Armseligen anzubellen. Außerdem betrachtete ich mich weder als Ein- noch als Auswanderer.

III

Auswanderung ist immer eine Amputation; sie mag lebensrettend sein, aber man bleibt ein Krüppel. Immigration und Emigration werden jetzt auf der ganzen Welt, besonders in Europa, mit feindseligen Augen angesehen. Wenn ich auf den Photos die häßlichen Kahlköpfe betrachte, die „Fremde hinaus!“ brüllen - man muß schon dankbar sein, daß es nicht „Fremde heraus!“ lautet (wie es wahrscheinlich in Wien der Fall wäre) -, wenn ich sie mir so anschaue, denke ich, dem Odoaker hätten sie das zurufen sollen. Wir leben mitten in einer Völkerwanderung, die wahrscheinlich die größte der Weltgeschichte werden wird, und machen uns keinen Begriff davon, was da vorgeht. Wie die Welt nachher aussehen wird, ist schwer vorstellbar, vielleicht wird sie überhaupt nicht aussehen. Ich bin aber überzeugt davon, daß wir erst den Anfang dieser kataklysmischen Spaziergänge gesehen haben.

Als ich an jenem fernen Herbsttag auf dem New Yorker Pier stand, war es mir klar, daß ich das primäre Einwanderungsland der Völker betreten hatte. Es war das von der Geschichte approbierte Nachtasyl der Welt. Kaum hatte ich mich installiert, begann ich, darüber nachzudenken und zu lesen. So habe ich selbstverständlich mit Kolumbus und Cortez angefangen, aber auch nicht die Geschichte der Sklaverei und des englischen Kolonialismus vernachlässigt; ich machte mich vertraut mit den Kämpfen um die Unabhängigkeit, den irischen Hungersnöten, den gescheiterten Achtundvierzigerrevolutionen, dem Goldrausch usw. Zusammenrechnend, was alles in den Hexenkessel hineinzugehen hatte, kam ich zu dem Schluß, daß es notwendig war zu unterscheiden zwischen der Entdeckung Amerikas, die gerade jetzt 500 Jahre zurückliegt, und der viel später erfolgten Erfindung Amerikas, die nicht ganz so leicht zu datieren ist. Der Traum von dem Paradies auf Erden ist uralt; unzählige Städte Atlantis sind von den Wellen verschlungen worden; Ophir, die Goldstadt der

Bibel, erinnert, vielleicht nicht zufällig, an Orplid, das ferne leuchtet. Die als Reiseberichte auftretenden Abenteuerromane des Orients und des europäischen Mittelalters waren voll von Wunderländern, in denen viele armselige Träume der Menschheit ihre Erfüllung fanden.

Ich neige dazu, das Datum der Erfindung Amerikas um das Jahr 1850 anzusetzen. Früher war es eher eine Strafkolonie, auch für die ungebärdigen Söhne englischer Squires, die sich zu den spärlichen tüchtigen Bewohnern der typisch englischen Kolonien in Nordamerika gesellten. Die Kolonisationstätigkeit der Franzosen in Amerika hatte schon unter Napoleon aufgehört. Was betont werden muß ist, daß bis etwa Mitte des vorigen Jahrhunderts die nicht sehr zahlreichen Einwanderer ihre eigene Sprache mitbrachten und behielten, ob es sich nun um Englisch, Französisch, Deutsch oder Holländisch handelte.

Was jedoch die Geschichtsschreibung lange Zeit unterspielt hatte war die passive, erzwungene „Einwanderung" großer Massen von Negern aus Afrika. Zusammen mit der Ausrottung der Urbevölkerung durch Flinte, Bibel, Schnaps und Blattern sind die unmenschlichen Sklaventransporte und die Fortdauer der Sklaverei ein blutiger Schandfleck der amerikanischen Geschichte.

IV

Das waren also Menschen, die mit ihren Stammesverschiedenheiten zahlreiche verschiedene Sprachen mitbrachten und zugleich verloren. Die schwarzen oder arabischen Sklavenfänger und -händler und die grauenhaften Importeure kümmerten sich nicht um die Volkszugehörigkeit und die Sprache des Stückguts, und so wurde gepfercht und gebrütet, gepeitscht, geschunden und geschändet. Die Muttersprachen, das Wertvollste, was den Menschen auf ihren Lebensweg mitgegeben werden kann, gingen verloren, und damit vielleicht auch für einige Zeit die Fähigkeit, Gedanken zu fassen und auszudrücken. Allmählich nahmen die Sklaven die häßliche Sprache ihrer Besitzer an, obwohl diese in den meisten Fällen jede Art von Erziehung verhinderten; aber die zur Erzeugung ganz anderer Laute befähigten Sprechorgane eigneten sich nur unvollkommen zur übertrieben diphthongierten Aussprache des Englischen. So hat der gutmütig naive Nigger als komische Figur im Theater und Kino durch viele Jahrzehnte die Dummköpfe erheitert. Auch heute noch klingt die Sprache der Afroamerikaner - wie sie es vorziehen jetzt zu heißen - häufig anders und gibt Anlaß zu alberner Heiterkeit. (So wie im Wien meiner Kindheit das sogenannte „Böhmakeln“.)

Die jetzt lebenden Abkömmlinge der Sklaven und die später eingewanderten Schwarzen aus Mittelamerika genießen offiziell alle Bürgerrechte einer fortgeschrittenen Demokratie. Sie dürfen sich am *pursuit of happiness* beteiligen, den ihnen die Verfassung nahelegt, dürfen aber auch, wenn sie es vorziehen, auf dem gefrorenen Trottoir der Straßen schlafen. In *God's own country,* wie das Land sich gerne nennt, existieren eben unzählige verschiedene Geschmäcker; und da es dort bekanntlich keine Klassen gibt, worauf man stolz ist, muß es andere Gründe haben, wenn die um die Dampflöcher auf den Straßen Herumliegenden fast alle schwarz sind.

Die Afroamerikaner bilden eine große Minorität (etwa ein Achtel der Gesamtbevölkerung), die schneller wächst als die ohnedies sehr bunt zusammengesetzte Mehrheit. Dieses Achtel verdient aber nur ein Zwölftel des für das Land geschätzten Gesamteinkommens. In vielen Beziehungen sind die Schwarzen der eingeborenste - wenn diese Steigerung erlaubt ist - Bestandteil der Bevölkerung. Wer lange in den USA gelebt hat, muß längst gemerkt haben, daß - metaphysisch gedacht - die Sklaverei nicht abgeschafft war, sondern nur, lebendig und blutend, im Sand begraben. Wer wen haßt, wer wen verachtet, ist gleichgültig, da man ohnedies nichts gegen die Übel zu unternehmen vermag. Wenn man Problem sagt, meint man etwas Unlösbares. Das Negerproblem in Amerika ist eines der schreckenerregendsten. Da ist kein Paraklet am Horizont zu erblicken. Weder Religion noch Politik, weder Schule noch Gemeinschaft haben auch nur das geringste zur Linderung eines unbeschreiblichen Schmerzes beigetragen. Daß die Sklaven ihrer vielen Sprachen, ihrer Stammeslegenden, ihrer vielfältigen Traditionen beraubt worden sind; daß sie im wahrsten Sinne des Wortes verdingt wurden, ist eine Atridenschuld von wahrhaft mythischer Größe. Sie ist die tödlichste der Achillesfersen, an denen das Land reich ist. Hätte Kassandra etwas zu sagen, so wäre es, daß die Vereinigten Staaten von Amerika schließlich an diesem Zwiespalt ersticken und verenden werden.

Der von mir bewunderte Joseph de Maistre, ein wortgewaltiger Erzkatholik und ein origineller politischer und philosophischer Denker, hat viel darüber nachgedacht, warum Gott neben den weißen Menschen auch die afrikanischen Neger geschaffen hat, die sogenannten Wilden, sehr häßlich und primitiv. Maistre war ebensosehr ein Kind des 18. Jahrhunderts wie Papageno, und was der von Monostatos hielt, weiß ein jeder. Da die DNA damals zum Glück der Menschen noch nicht bekannt war, war Maistre frei von jedem darwinoiden oder genetischen Gedanken, und so beschloß er, die Schwarzen müßten ursprünglich auch weiß gewesen sein, seien aber später schwerer Sünden wegen zur Schwärze verdammt worden.

Nicht für einen Augenblick hätte Maistre das Umgekehrte für möglich gehalten, nämlich daß die Weißen zur Strafe gebleicht worden seien. Durch die ganze Geschichte des Westens geht die schamlose Überheblichkeit der Weißen, sich ihrer Blässe zu rühmen. Wenn jetzt die Schwarzen in Amerika den Spieß umdrehen, fällt man über sie her. Tatsächlich ist das ganze zu dumm für Worte. Maistres abstruse Vorstellung, die Schwarzen seien zur Strafe schwarz, macht jedoch sein Buch *Soirées de Pétersbourg* nicht weniger lesenswert. Um dem tragischen Geheimnis Amerikas näherzukommen, muß man aber andere Quellen finden.

V

Die Völker bezahlen spezielle Menschen, die Fachleute, dafür, daß sie lernen etwas zu verstehen, was sie uns dann nicht erklären können. So gibt es eine Unzahl verschiedener Spezialisten für jenes mehr als zweihundert Jahre alte Konsortium nicht unabhängiger Staaten, das als USA bezeichnet wird: Historiker und Soziologen, Juristen, Philosophen, Politologen und was noch alles. Die verschiedenen Darstellungen und Erklärungen, von denen gewiß nur eine kleine Anzahl mich erreicht hat, sind oft miteinander unvereinbar, und das hat mich zu dem Schluß bewogen, daß der einzige, von dem man etwas lernen kann, jener alte Franzose aus der Mitte des vorigen Jahrhunderts ist, Alexis de Tocqueville (1805–1859), ein liberaler Aristokrat; wobei Haupt- und Eigenschaftswort einer besonderen Definition bedürften. Sein umfangreiches Werk *De la Démocratie en Amérique* ist ein wirklich großartiges Buch.

Er war nur sechsundzwanzig Jahre alt, als er 1831 bis 1832 die Vereinigten Staaten bereiste. Er sprach mit unzähligen Leuten, Präsident Jackson eingeschlossen, und war ein Beobachter mit ungewöhnlich scharfen Augen und einem noch ungewöhnlicheren analytischen Verstand, der vor kühnen Voraussagen nicht zurückschreckte. Die täglichen Aufzeichnungen, die er während der Reise machte, füllen fast einen ganzen Band der Pléiade-Bibliothek. Im 10. Kapitel des ersten Bandes seines schönen Buches spricht er, mehr als dreißig Jahre vor der Aufhebung der Sklaverei, über die Lage der Schwarzen in Amerika. Ich möchte drei kurze Stellen zitieren.

> Das furchterregendste aller Übel, welche die Zukunft der Vereinigten Staaten bedrohen, entspringt der Anwesenheit der Schwarzen auf ihrem Boden. Wenn man die Ursache der gegenwärtigen Schwierigkeiten in der Union und der zukünftigen Gefahren sucht, stößt man immer wieder, gleichgültig von welchem Ausgangspunkt, auf diese primäre Tatsache.
>
> Die beiden Rassen sind aneinander gebunden, jedoch ohne sich vermischen zu können; es ist ihnen ebenso schwer, sich ganz voneinander zu trennen als sich zu vereinigen.
>
> Damit die Weißen ihre einmal gefaßte Meinung aufgeben, daß ihre ehemaligen Sklaven geistig und moralisch minderwertig seien, müssen die Neger sich verändern, und sie können sich nicht verändern, solange diese Meinung herrscht.

Der noch immer, einhundertfünfzig Jahre später, obwaltende Teufelskreis ist von niemandem besser beschrieben worden als von Tocqueville. Worin die mit Recht als unmöglich bezeichnete „Veränderung“ bestehen könnte, ist mir nicht klar, denn Tocqueville selbst scheint die Entstehung einer Mehrheit von Mulatten für sehr unwahrscheinlich zu halten.

VI

Wenn ein Land mit Achillesfersen derart übersät ist, daß man den gefeiten Anteil kaum erkennt – mit Achillesfersen, deren jede ihren eigenen Pfeil erfordert –, kann es lange fortleben, denn die Gegner finden nie den richtigen Pfeil. Das, denke ich, ist der Fall Amerikas. Den schwächsten Punkt habe ich bereits erwähnt. Es gibt aber mehr Steine des An- und Umstoßes als ich hier auf wenigen Seiten aufzählen kann. Ich wähle den einen oder andern aufs Geratewohl, möchte jedoch betonen, daß nicht alle schwachen Punkte des Landes deshalb schon Angriffsziele sind: Die Amerikanisierung der ganzen Erde ist so weit fortgeschritten, daß es schwerfällt, irgendwo Kontraste zu erblikken. Uns ist überhaupt das Gegenteil verlorengegangen.

Das ist mir nie so klar gewesen wie seit 1989, als der Zerfall der Sowjetunion begann. Was zerfallen und in kleine Stücke gebrochen ist, war ja nicht nur die Union Sozialistischer Sowjetrepubliken, sondern das viel ältere, viele Jahrhunderte währende Reich der Romanows. Als der erste Yankee den ersten Huronen oder Mohikaner beschummelte und erschlug, hat es das russische Reich größtenteils schon gegeben mit seinen vielfältigen Bevölkerungen. Deren Überleben ist ein Versehen, das Amerika vermieden hat: Lange bevor es als Nachtasyl erfunden war, hat es gewußt, daß die

Ausrottung der ursprünglichen Bevölkerung eine wichtige Aufgabe sei. Im Englischen wirkt schon die Bezeichnung *aborigines* für die Ureinwohner wie eine Einladung zum Genozid. Wer in der Historie lesen kann merkt, daß, wenn man sich Zeit läßt, Flinte, Brandwein, Epidemie mehr ausrichten als die vor Ungeduld schwitzenden Todesfabriken unseres lieblichen Jahrhunderts. So hat auch der Mißbrauch des Kreuzes viel mehr Menschen umgebracht als die korrekte wissenschaftsgerechte Anwendung von Blaukreuz.

Ein konservatives Gemüt, wohl wissend, daß gewöhnlich nichts besseres nachkommt, hat gewiß seinerzeit nicht umhinkönnen, den Fall des Zarenreiches zu beklagen; und sogar jetzt mag es den einen oder andern geben, der mit Trauer zuschaut, wie die große Sowjetunion unter der Führung der schlechtesten Exemplare von flüchtig übertünchten Apparatschiks in Stücke zerhauen wird. Rußland hat anscheinend zu allen Zeiten seinen zivilisatorischen Auftrag besser erfüllt als Amerika, das viele seiner Einwanderer erst dezivilisieren mußte, um sie zu Amerikanern zu machen. Man braucht nur die künstlerischen Leistungen beider Völker zu vergleichen um zu verstehen, was hier gemeint ist. Puschkin, Gogol, Turgenjew, Dostojewski, Tolstoi, Tschechow, Mandelstam, Bulgakow, Platonow oder Mussorgski, Strawinsky, Prokofiew, Schostakowitsch. Mir fällt kein Name ein, den Amerika dagegen aufbieten könnte; solche Leute wie Whistler, Henry James oder T. S. Eliot fanden es notwendig, rechtzeitig nach England zu übersiedeln. Es ist wahrscheinlich bezeichnend, daß fast alle hier angeführten Dichter und Komponisten im russischen Kaiserreich aufgewachsen sind. Nach 1914 sind allerdings auch im Rest von Europa hervorragende künstlerische Leistungen sehr selten geworden.

Ich habe früher Tocqueville erwähnt und möchte noch einen Satz hersetzen, der aus seinem andern vortrefflichen Buch stammt, nämlich aus *L'Ancien Régime et la Révolution* (2. Buch, 4. Kapitel). Angesichts der Ereignisse der letzten Jahre erscheint Tocquevilles Beobachtung besonders treffend.

> Die Erfahrung lehrt, daß der gefährlichste Augenblick für eine schlechte Regierung gewöhnlich dann eintritt, wenn sie beginnt sich zu reformieren.

Schade, daß Herr Gorbatschow diesen Satz nicht rechtzeitig kennengelernt und beherzigt hat. Die schlechten Regierungen Amerikas, die während meines Aufenthalts im Land fast ununterbrochen geherrscht haben, dachten nicht an Reformen. Sie kannten gewiß nicht Tocquevilles Bemerkung, aber erinnerten sich vielleicht an eine alte Volksweisheit: „If it ain't broke don't fix it." Dieser Wahrspruch muß aus sehr alten Zeiten stammen; er entspricht dem ursprünglichen Volkskredo, welches sagt, daß alles neue Gute sofort verbesserungsbedürftig ist, das alte Schlechte lasse man hingegen besser in Ruhe.

VII

Es ist gewiß keine anziehende Beschäftigung, als permanenter Beschwerdeführer aufzutreten, aber die rührende Hoffnungslosigkeit des Unterfangens mag als mildernder Umstand angesehen werden. Der winzige Einzelne als Prozeßpartei gegen die USA oder gar gegen unsre ganze Welt ist eine lächerliche Figur; er erstickt an seinem eigenen Lachen über sich selbst. Vielleicht ist es ihm gestattet zu versichern, daß er sich noch schlechtere Länder als die USA vorstellen kann, aber keines, in dem er lieber leben möchte. Das Land seines Herzens liegt auf einem anderen Globus.

Das folgende zählt einige Punkte aus einer sehr langen Akte auf, aus der Luft geschnappte aleatorische Punkte, nicht nach ihrer Wichtigkeit geordnet.

Eingebaute Drittrangigkeit – Trotz eifriger Nichtlektüre soziologischer Werke ist es mir nicht klar, was unter „Gesellschaft“ zu verstehen ist. Man sagt „die Leute im Land“, man sagt „das Volk“ oder man sagt „Gesellschaft“, ja sogar „Zeitgeist“, wenn es um die ganze Welt geht. Hätte man nicht ebensogut „Mode“ sagen können oder „Paradigma“? Das einzige, was ich sagen kann, ist, daß es einen charakteristischen Volksgeist gibt, dem zwar kein einzelnes Mitglied des betreffenden Volks entspricht, der sich aber dennoch in der Lebensatmosphäre des Landes manifestiert. Wenn ich also sagen höre, die Amerikaner seien geldgierig oder sie seien unternehmungslustig, nützt es nichts, wenn ich antworte, daß mir kein einziger, der diese Eigenschaften besäße, persönlich bekannt ist. Es nützt nichts, weil die ungeheuren Breittretemaschinen, die Amerika erobert haben, mit Hilfe unzähliger in die Luft geschleuderter Behauptungen eine „Öffentliche Meinung“ konstruiert haben, der der einzelne sich anzuschließen gezwungen ist. Ich denke daher, daß nur das wert ist festgestellt zu werden, was nicht Teil dieser öffentlichen Meinung ist.

So hat mich zum Beispiel niemand darauf hingewiesen, daß die amerikanische Gesellschaft seit ihrem Ursprung einen Baustein enthält, der die Entstehung großer geistigen Schöpfungen unmöglich macht. Diese verhängnisvolle Vorrichtung ähnelt einem spirituellen Staubsauger, der das kleinste geistige Körnchen einsaugt und sozusagen unschädlich macht. Wie wäre es sonst zu erklären, daß mir bei keinem Amerikaner das eingestandenermaßen abgenützte und blasse Appellativ „Genie“ einfällt? Die einzige Ausnahme, die ich zugestehen möchte, ist der große Architekt Frank Lloyd Wright. Wie kommt es, daß die Vorstellung von einem „amerikanischen Rimbaud“ so grotesk ist? „Genies passen nicht zu Amerika“ wird man sagen, und man wird recht haben. Der normale Amerikaner, wie der Fernsehschirm ihn darstellt, ist stolz darauf, daß er nicht nachzudenken braucht.

Diese konstitutionelle Mediokrität, ist sie wirklich auch konstitutionell im andern Sinn des Wortes? Hat sie etwas zu tun mit der Art von Demokratie in Amerika? Ist die Nichtbeobachtung, die Geringschätzung des Wertvollen die Kehrseite der von widerlichem Jubel begleiteten Anbetung des Schunds? Vielleicht sollte die letzte Frage wegfallen, denn das Wertvolle kommt nicht einmal dazu, nicht beachtet zu werden; es wurde bereits im Keim aufgesaugt. Auf den Einwand, die jüngste Geschichte der Naturforschung in Amerika sei doch voll von Genies, antwortete ich, daß ich hier nicht Platz genug habe, um den Unterschied zwischen Genie und Talent zu erörtern, und daß ich sogar zweifle, ob es überhaupt so etwas gibt wie ein wissenschaftliches Genie. Genies werden immer weit über die Grenzen der Unwirklichkeit hinausgetrieben, und das darf ein Naturforscher nicht zulassen.

Auch in besseren Zeiten waren Genies meistens sehr einsam, umringt von Verständnislosigkeit, Argwohn, Hohn. Es gibt aber noch andere, sterile, Formen der Einsamkeit. Ich kenne kein Land, in dem man so einsam ist wie in Amerika. Der Fernsehapparat hat es mit sich gebracht, daß man nie allein ist – Geflimmer und Gequäke lassen das nicht zu –, aber dafür doppelt einsam. Wem kann das schon genug sein, von Maschinen umarmt und an ihr stählernes Herz gedrückt zu werden? Seit meinem ersten Aufenthalt in dem Land bin ich dieser seltsamen Form von Einsamkeit gewahr gewesen; einer Einsamkeit, die sich auf einen legt wie ein Nessushemd. In der dunklen Nacht Amerikas wäre San Juan de la Cruz ein Gemüsehändler geworden. Diese Einsamkeit inmitten einer Massendemokratie ist, denke ich, der Geistsauger, von dem ich früher gesprochen habe.

VIII

Totalitäre Demokratie – Im Nachtasyl hat niemand Anspruch auf ein Vorzugsbett. Darüber muß eine Abstimmung entscheiden, wobei 50,2 Prozent einen glänzenden Sieg über 49,8 Prozent darstellt. Selbst der härteste Fronvogt war wahrscheinlich barmherziger als die Rechenmaschine. Die kennt kein Bedürfnis, weder Krankheit, noch Alter, noch Armut. Amerika ist, glaube ich, das einzige zivilisierte Land ohne allgemeine staatliche Gesundheitsversicherung.

Dieser Mangel wäre Tocqueville, als er in den dreißiger Jahren des vorigen Jahrhunderts sein ausgezeichnetes Buch schrieb, gewiß nicht aufgefallen. Dennoch ist es erstaunlich, wie sehr sein vor dem Einsetzen der riesenhaften Einwanderungswellen verfaßtes Werk auch den gegenwärtigen Zuständen entspricht. Selbst die frühe Geschichte des Landes zeigt die Gefahr einer zur Diktatur werdenden Anbetung des Majoritätsgedankens. Wenn in einem überhitzten Versammlungslokal 51 Prozent der Anwesenden dagegen stimmen, daß man die Fenster öffne, können die

Unterlegenen ohne viel Schaden sich hinausbegeben. Aber in einem Riesenland ist das weniger leicht. Da geht es oft um das Leben, wie zum Beispiel die jetzt um sich greifende Wiedereinführung der Todesstrafe zeigt.

Je inhomogener ein Land ist, um so totalitärer wirkt der strikte Mehrheitsbegriff. Und es gibt wohl kaum ein gemischteres und weniger vermischtes Land als die Vereinigten Staaten. Da entpuppt sich der Durchschnitt als das, was er unmetaphorisch bedeuten würde, nämlich als ein irreversibler, einem heiklen Gewebe zugefügter Schaden. Ob ein Wahllistensystem besser funktionieren würde, weiß ich nicht. Das gegenwärtige System, mit seinen in jedem Bundesstaat in den sogenannten *primaries* oder *caucuses* separat designierten Kandidaten, mit seinen Millionen von Dollars erfordernden Kandidaturen, mit seinen unglaublichen Exzessen der Reklame und Übertreibung, ist ein Affentheater, ein unwürdiges und erniedrigendes Spektakel. Es ist schwer zu verstehen, wie ein anständiger Mensch sich dem aussetzen kann.

Wenn man über das Wesen einer Massendemokratie nachdenken will, könnte man es sich leicht machen, indem man sich sagte, ein solches Monster verdiene nicht den Namen Demokratie. Wenn 250 Millionen Menschen gleichzeitig aufeinander einredeten, könne nichts Brauchbares herauskommen, und wir hätten eben Platos weise Männer nicht zur Verfügung. Dieser Mangel bestand gewiß immer und überall in der Geschichte; und doch brachten die Gründungsväter der Vereinigten Staaten es zustande, ihre kollektive Klugheit während der ersten achtzig Jahre der Republik wirksam zu erhalten. Die Gleichartigkeit der Bevölkerung, in ihrer Zusammensetzung und in ihren Zielen; das fortwährende Beben eines enormen

Wachstums; das Pathos der Grenzsetzungen in einem grenzenlosen Kontinent; die anfängliche Abwesenheit eines schmerzhaft verkrallten Wirtschaftssystems; ja sogar die Rauheit der Sitten, die Roheit des Daseins: Sie alle waren ein Schutz vor der frühen Entstellung eines Ideals, dessen erste große Erschütterung durch den Bürgerkrieg erfolgte.

Die erste Generation unabhängiger Bürger erarbeitete eine viel diskutierte Verfassung, die zusammen mit ihren Zusatzartikeln noch immer ein bewundernswertes Dokument ist, obwohl eine Menge von Heuchelei, freiwilligem Verschließen der Augen und Verstecken des Kopfes im Sand mit hineingegangen sein muß. Dem schweren Problem der Gerechtigkeit waren die Urväter besonders wenig gewachsen; sie ersetzten diese durch eine überwuchernde Justiz. So wurde das ganze Land untergraben von unglaublichen Schwärmen von Advokaten und Richtern, die aus Amerika das wahrscheinlich ungerechteste Land der Welt machten. Allein die Pathogenese einer so wichtigen und so überschätzten Institution wie der des Obersten Gerichtshofes würde eine Schilderung erfordern, zu der ich nicht fähig bin.

Die Bürger Amerikas sind mit Recht stolz darauf, daß sie die älteste bestehende Verfassung der Welt besitzen. Zweihundert Jahre sind aber eine lange Zeit, und dieses edle Dokument des 18. Jahrhunderts ist indessen vielfach geflickt worden. Die Aufrechterhaltung der Verfassung und der übrigen Gesetze obliegt der höchsten gerichtlichen Instanz des Landes, dem Obersten Gerichtshof. Leider haben die ursprünglichen Gesetzgeber es nicht verstanden, den Vorgang der Ersetzung ausfallender Mitglieder des Gerichtshofes so zu gestalten, daß er gegen die Wechselfälle der Tagespolitik gepanzert ist. Die obersten Richter werden vom jeweiligen Präsidenten ernannt und vom Parlament bestätigt. Das hat meistens nicht schlecht funktioniert, außer in zwei Fällen: in der Epoche vor dem Ausbruch des großen Bürgerkriegs zwischen den Nord- und Südstaaten und in der Gegenwart, d. h. unter den Präsidenten Reagan und Bush.

Man übertreibt den Begriff der Demokratie, wenn man behauptet, daß alle Menschen gleich hörenswert sind. Was aber ein abgelegener und bescheidener Denker nicht hätte vorhersagen wollen ist, daß in der Demokratie amerikanischer Lesart nur diejenigen zu Worte kommen, die nichts zu sagen haben. Meine fast fünfundsechzig Jahre alte Erfahrung versichert mir jedoch, daß das nicht immer der Fall war, und daß schlechte Regierungen, eine unzulänglich gewordene Verfassung und zunehmend unzureichende Präsidenten erst in den letzten fünfzig Jahren begonnen haben, das Feld der Politik zu beherrschen. Seit dem Tode Franklin Roosevelts hat das Land keinen Präsidenten besessen, der auch nur bescheidenen Ansprüchen, was Intellekt und Charakter betrifft, entsprochen hätte.

Was jedenfalls nicht geleugnet werden kann, ist die rapide Verschlechterung in der Art und Weise, in der Kandidaten aufgestellt und gewählt werden. Der alte Witz, Amerika habe die besten Richter, die man für Geld kaufen könne, war wahrscheinlich nie ein Witz, sondern die zynisch-melancholische Feststellung eines Tatbestands. Wie die Dinge jetzt sind, kann niemand daran denken, als Kandidat aufzutreten, sei es für die Präsidentschaft, für einen Gouverneursposten oder auch nur für das Abgeordnetenhaus oder den Senat, wenn er nicht sehr reich oder sehr korrupt ist. Die Millionen und, im Fall der wichtigeren Stellen, die vielen Millionen Dollars kann ein anständiger

Mensch nicht aufbringen, wenn er sich nicht im voraus verkauft. Daher die unzähligen Skandale, die die amerikanische Demokratie fast seit ihrem Beginn erschüttert haben, ohne sie zu veredeln. Nach ein paar Jahren sind sie vergessen, und es kommen neue Enthüllungen, deren einziger Effekt darin besteht, daß sie das Herrschaftssystem zwingen, sich mit einer immer dickern Haut zu umgeben. Demokratien waren wahrscheinlich immer versteckte Oligarchien, aber nie so offenkundig wie im angeblich klassenlosen Amerika.

Wenn man Tocquevilles geradezu bukolische Schilderung der amerikanischen Demokratie liest, wird man gewahr, wie sehr die jetzige Größe des Landes und der Bevölkerung, zugleich mit der Umständlichkeit seiner aus dem 18. Jahrhundert stammenden Verfassung, zu einer grotesken Komplikation aller Vorgänge geführt hat, in denen sich die angebliche Volksherrschaft bewähren kann. Nur ein Bruchteil der Stimmberechtigten beteiligt sich an den wichtigsten Wahlen. So waren es im Bundesstaat New York, als im April 1992 über die von den Republikanern und den Demokraten aufzustellenden Präsidentschaftskandidaten abgestimmt wurde, nur etwa 25 Prozent. Die totalitäre Demokratie ist also in Wirklichkeit die Diktatur einer Minderheit.

Wer herrscht in dem Land, in dem angeblich das Volk herrscht? Die Antwort ist: Niemand herrscht, denn das Volk kann es ja nicht tun. Die schäbigen Soldatenkaiser - von der Art, wie sie seinerzeit das untergehende Rom ruinierten - werden zwar alle vier oder acht Jahre erneuert, aber es sind immer die gleichen hirnlosen Marionetten, die im Vordergrund unsinnige Bewegungen ausführen, während im Hintergrund, wo die Wirklichkeit ist, Habgier und Neid ihr ewiges blutiges Ballett aufführen.

Dennoch gibt es eine Macht, von der man sagen kann, daß sie herrsche. Sie verbirgt sich hinter vielen Namen, wie „Lobby", „Politisches Aktionskomitee", „Forschungsinstitut" oder „Stiftung". Washington ist voll davon. Sie erzeugen die sogenannte Öffentliche Meinung und üben, wo immer möglich, Druck aus, Bestechung oder Erpressung, fast immer in ein und derselben Richtung; ohne sie kann kein Kandidat gewählt werden; sie beherrschen die Programme der Fernsehanstalten und den Inhalt der Zeitungen; sie bestimmen, worüber das Volk nachdenken darf. Ihr Geld kommt von den Reichen des Landes und von den großen Firmen.

Vielleicht ist aber die vorletzte Stunde aller dieser Großen gekommen. Es mag nur ein täuschendes millenaristisches Gefühl sein, aber ich kann die Gewißheit nicht loswerden, daß auf den viel zelebrierten Zusammenbruch des Kommunismus bald der Zusammenbruch der Demokratie folgen wird, Planwirtschaft und Marktwirtschaft in demselben Strudel verschlingend.

IX

Gewalttätigkeit und Brutalität - Junge Leute aus andern Kontinenten, wenn sie zum ersten Mal New York besuchen, sind begeistert von der Stadt. Vielleicht ist das ein postmodernes oder ein postpostmodernes Gefühl, denn ich, damals auch nur dreiundzwanzig, teilte es nicht. Mir erschien die Stadt abstoßend und furchterregend. Über diesen ersten Eindruck schrieb ich im *Feuer des Heraklit:*

> Ich war nicht als Einwanderer nach Amerika gekommen. Aber selbst für einen neugierigen

Besucher war es unbeschreiblich erschütternd, New York zu sehen und seine seltsamen Stimmen und Schreie, sein Stöhnen und Tönen zu vernehmen. Der neurasthenische Pulsschlag einer Stadt, die nie schlafen ging, weil sie nie wach war; das groteske Zeremoniell der „Prohibition“, als jedermann stolz sein mußte auf die Gesetzesbrüche, die er beging; der primitive Hochmut einer un- und eingebildeten Intelligenz; der unglaubliche Schmutz all dessen, was nicht unglaublich blitzsauber und talmi-luxuriös war; die schamlose Heuchelei aller Institutionen und das läppische Grinsen, mit dem eine Gaunerei, einmal entdeckt, zugleich zugegeben und ausgelöscht wurde; die gekauften Dithyramben, welche politische oder kommerzielle Karrieren begleiteten, die bald nachher in Vergessenheit oder Kerker endeten; die Verwirrung der Sprache und die Entwertung aller grammatischer Formen, besonders des Superlativs; eine gigantische Attrappe, ein trügerischer Schein als das Evangelium der Nation, jeden künftigen Glauben, jeden Glauben an die Zukunft unmöglich machend; all das mußte einen jungen Mann überwältigen, der im Glauben, Europa hinter sich gelassen zu haben, einem Supereuropa gegenüberstand.

Ein langer Satz, und doch enthält er nicht alles. Zum Beispiel sagt er nichts davon, wie sehr die Brutalität der Sprache den Neuankömmling erschrecken mußte. Man wird nicht entlassen („dismissed“), man wird hinausgeschmissen („fired“, „ousted“, „kicked out“), ob es sich nun um einen Kabinettsminister oder den Generaldirektor des größten Konglomerats handelt. Ich hatte Englisch gelernt, bevor ich Amerika betrat, und wußte, daß es nicht geradezu eine sanfte Sprache war. Schon in ihrer mittleren Periode hatte die Sprache ihre aus dem Germanischen ererbten Diminutive eingebüßt: Wörter wie „Kindchen“ oder „Fischlein“ sind nicht äquivalent übersetzbar; ganz im Gegensatz etwa zum Russischen, dessen allgegenwärtige Verkleinerungssilben selbst Flüche und Interjektionen gemütlich machen.

Man wird mit Recht sagen, dies seien Lappalien. Aber über einen banalen Kiesel stolpert man viel leichter als über das Matterhorn. Wenn man einige Zeit in Amerika gelebt hat, wird man merken, daß Sprache ein Spiegel und ein Kompaß ist. In einem Land von extremer Gewalttätigkeit mordet auch die Sprache, und sie wird gemordet. Man braucht nur daran zu denken, was aus der deutschen Sprache unter Hitler und den Seinen geworden ist. (Nur bei Shakespeare sprechen auch die Mörder in fünffüßigen Jamben.) So erkannte ich die Roheit der Sprache und erst nachher die Roheit der Sitten. Diese hat in den sechzig Jahren meiner Beobachtung unglaublich zugenommen. Dabei ist New York mit seinen täglichen zehn Morden keineswegs eine Ausnahmshölle.

Wie lebt also der einzelne in dieser Senkgrube des Mordes, des Hasses, der Grausamkeit? Er lebt noch immer recht gut, wenn er sich in ein dichtes Netz von Vorsichtsmaßnahmen einspinnt: abends und nachts nicht auf die Straße zu gehen; öffentliche Verkehrsmittel zu vermeiden; unauffällig gekleidet zu sein; mit auf den Boden gesenkten Blicken jede Art von Augenkontakt mit andern Leuten auszuschließen; nie ohne etwas Geld auszugehen, um den Räuber nicht zu erzürnen. Da aber die Statistik immer noch sein größter Schutz sein wird, muß er sich so klein wie möglich machen, um dieser kapriziösen Göttin nicht aufzufallen. Hält er diese Regeln sorgfältig ein und hat er außerdem die Voraussicht gehabt wohlhabend zu sein, so hat er einige Chancen, im sozialdarwinistischen Strudel zu überleben – allerdings nicht ohne sofort in eine andere Sparte der Wahrscheinlichkeitsrechnung zu geraten, die ihm die Aussicht vorrechnet, von einem Lastwagen zermalmt zu werden.

In meiner Zeit hat die Brutalität zweifellos auf der ganzen Welt enorm zugenommen. Ich denke an meine Eltern, wie entsetzt sie gewesen wären, hätten sie auch nur einen Tag eine amerikanische Zeitung lesen müssen. Diese unerträgliche Mischung von Brutalität und Sentimentalität – jeder Meuchelmord ein Heuchelmord – deformiert schon die kleinsten Kinder, die später, wenn sie zehn oder zwölf geworden sind, in den Schulen mit ihren Pistolen aufeinander schießen werden. Übrigens, um auch eine andere Art von Violenz zu Worte kommen zu lassen: gerade gestern (am 14. April 1992) wurden in Indianapolis zwei Siebenjährige verhaftet, weil sie eine Sechsjährige vergewaltigt hatten. Wenn das so weitergeht, werden bald Zwillinge im Mutterleib Inzest begehen.

Es ist üblich, den Massenmedien, und besonders dem Fernsehen, Schuld an diesem Elend zu geben – als wäre der feixende Bote Urheber seiner häßlichen Botschaft. Die Medien sind aber nur die Verschleißer der grausigen Konsumgüter, auf die das Publikum wartet. Daß sie auch gleichzeitig zu den Erzeugern der geforderten Waren gehören, ist eine Konsequenz des herrschenden Wirtschaftssystems. Amerika ist das Auslagefenster des 20. Jahrhunderts. Ausgestellt wird, was die Kundschaft begehrt. Warum jedoch fast nur Abscheulichkeiten in der Auslage zu sehen sind, das muß man die Kunden fragen, die Konsumenten, diese neue Großmacht unsrer Welt.

X

Konsumerismus - Das ist ein häßliches Wort, aber es sagt, was es soll. Eine bessere Bezeichnung fällt mir nicht ein. „Verbraucherherrschaft" wäre nicht das richtige; ich denke an so etwas wie „Schlingsucht". Ein erst in den letzten einhundertfünfzig Jahren neu aufgekommenes Naturgesetz scheint die Menschen zu zwingen, alles zu schlucken, zu verdauen und selbst die Exkremente wiederzuverwenden. Zwar hat es schon in alten Zeiten Gesetze gegen den übertriebenen Aufwand gegeben, aber die meisten Leute waren viel zu arm, um an Aufwand zu denken; sie schienen - es ist fast unglaublich - nur das zu wünschen, was sie wirklich benötigten. Nach der Erfindung Amerikas als Verkörperung des Schlaraffenlandes wurde es anscheinend das Land, in dem die galoppierende Schlingsucht zuerst auftauchte und sich endemisch entwikkelte. Erst in den letzten vierzig Jahren hat sie als wahre Epidemie auf die ganze Welt übergegriffen. Ohne die Reklame als Triebkraft und den Neid als Handlanger ist der Konsumerismus unvorstellbar. Jene ist schon seit langem ein amerikanisches Produkt, dieser hat sich erst spät durchgesetzt.

Als Volk betrachtet, sind die Amerikaner gutmütig, hiflsbereit und großherzig. Ich möchte sagen, sie sind ein gutes Volk mit vielen schlechten Kerls, die es nicht im Zaum zu halten vermag. Während einer sehr langen Zeit haben sie ihren unglaublich Reichen neidlos zugeschaut, wenn diese ihnen zuriefen „Seht auf *uns, ihr* seid das reichste Volk der Welt!" Selbst jetzt ist das alte Laster des Neides, in Europa immer sehr lebendig, hier noch nicht recht fühlbar. Es ist daher kaum vorstellbar, daß solch riesenhafte Konsumentenrevolutionen, wie sie Europa seit 1989 deformiert haben, bald auch auf Amerika übergreifen werden.

Vorläufig haben die immer wieder aufflammenden Revolten in den Negervierteln der Städte eher andre Ursachen. Der Mythus von der sozialen Beweglichkeit erhält das Land trotz scharfer Klassentrennung in einer dauernden Wartestellung: „Was heute nicht ist, kann morgen sein." Ob diese für Amerika typische Haltung im Begriff ist zu enden, weiß ich nicht. Jedenfalls ist die aussichtslos arme Unterschicht nie zuvor so reichlich mit Schußwaffen ausgestattet gewesen wie jetzt.

Die Abwesenheit von Konsumentenrevolten wird jedoch durch das Überangebot von Verbrechen, den alltäglichsten und den bizarrsten, mehr als wettgemacht. Die Gefängnisse sind überfüllt, die Gerichte überladen, der bürgerliche Zusammenhalt ist völlig vernichtet, die Drogensucht wächst. Jetzt, da ich das schreibe (April 1992), gibt es in den USA etwa eine Million von Eingekerkerten; seit 1976 sind 172 Hinrichtungen vollzogen worden, und 2604 Menschen warten darauf.

Man braucht nur die riesigen Einkaufszentren zu betrachten, die in den letzten Jahren überall in Amerika in der Nähe der großen Städte, aber auch auf dem Land, aufgeschossen sind, um zu erkennen, wie sehr das Konsumieren zum Mittelpunkt der Weltanschauung geworden ist. Was einst die Kirchen gewesen sind, das sind jetzt für den Amerikaner die *shopping malls.* Dort verrichtet er seine Andacht, umso aufrichtiger, je weniger er sich die feilgebotenen Waren leisten kann. Diese erscheinen in reizvollen Farben auf den immerwährend eingetrunkenen Fernsehbildern. Dort sieht man den wahren *Deus absconditus,* den verborgenen Gott der kapitalistischen Demokratie. Die Ikone hält in der einen Hand einen Revolver, in der anderen eine schmutzige Dollarnote.

Wenn das Volk von einem Texaner hört, der drei Milliarden Dollars zusammengebracht hat, erzittert es in neidloser Ehrfurcht. Diese wahrscheinlich nur vorläufige Abwesenheit des Neides ist es, die meiner Meinung nach Amerika von Europa unterscheidet. Ich bin der festen Überzeugung, daß ohne das Farbfernsehen des Westens die ungeheuren Umwälzungen, die seit 1989 Europa erschüttert haben, nicht eingetreten wären. Wir gleiten in einen Frieden, der fürchterlicher sein wird als die beiden Weltkriege. Nichts ist dem Menschen gefährlicher als der unüberwindliche, unstillbare Hunger nach Überflüssigem.

XI

Sprachparalyse - Schon bei meinem ersten Aufenthalt im Land, von 1928 bis 1930, war es mir aufgefallen, daß die Amerikaner ein gestörtes Verhältnis zu ihrer Sprache haben. Es gebe zwar keine offizielle Landessprache - so hatte ich mir zu meinem Staunen sagen lassen -, aber die amerikanische Form des Englischen war damals als selbstverständlich angesehen, obwohl sie nicht in der Verfassung verankert ist. Wenn man vom Wohlklang absieht, ist Englisch vielleicht die mächtigste Sprache der zivilisierten Welt. Eine Sprache wächst damit, was sie auszudrücken berufen ist; sie lehrt wie sie lernt; sie ist immer größer als die Größten, die sich ihrer bedient haben. Eine Sprache, in der Shakespeare, Donne, Marvell, Dryden, Pope usw. sich ausgedrückt haben, ist deshalb die Sprache großer Dichtung. Was Haut ist, was Gewand, das kann man nie entscheiden, nicht in Vers, nicht in Prosa. Aber das lebende Gebilde ist zur hohen Figur geworden, und darauf kommt es an.

Das soll nicht heißen, daß ich meiner alten Überzeugung entsagt habe, nämlich, daß alle Sprachen die besten sind. Da bin ich Leibnizianer geblieben. Aber wofür sie die besten sind, das wird vom Grad der Entwicklung der Sprache und dem ihrer Sprecher abhängen. Es hat möglicherweise noch nicht viel Gelegenheit gegeben, den Satz vom zureichenden Grund oder den Panpsychismus auf tagalog zu formulieren. Alles was dem Menschen wesentlich ist, läßt sich gewiß darin ausdrücken.

Das war es nun, was ich zuerst zu erkennen vermeinte, das Wesentliche wurde irgendwie gesagt, aber es fehlten die Obertöne, so daß selbst jenes verarmte. Die Sprache klang angelernt, aus zweiter Hand - eben so, wie sie mir selbst, dem Zugereisten, allmählich zugänglich wurde. Ich glaube, daß diese Schrumpfung vor, sagen wir, einhundertfünfzig Jahren noch nicht aufgefallen wäre. Englisch, übertrieben diphthongisch mit seinen unreinen Vokalen, ist eher eine häßliche Sprache. Aber es ist eine unerhört reiche Sprache, weil sein Wortschatz gleichzeitig aus dem Germanischen und dem Romanischen gespeist ist, und es ist besonders ausdrucksvoll mit seinen zahlreichen einsilbigen Substantiven und Verben, die wie kraftvolle Hammerschläge Ohr und Geist bestürmen. Keine andere nichtromanische Sprache vermag es, gleichzeitig über der Oberfläche zu schweben und in ungeahnte Tiefen des Denkens und Fühlens hinabzustoßen.

Warum ist dann die Sprache des Landes so schal, so schwach, so zimperlich geworden? Was sind die Umstände, die ernstes Nachdenken sichtlich unmöglich machen? Man hat den Eindruck, daß das Denken als undemokratisch gilt. Demgemäß wuchern die Substantive, besonders abstrakte Neubildungen, und die Verben gehen nach und nach verloren, bis auf die wenigen, auf die man nicht verzichten kann, wie „to be“, „to have“, „to take", „to put" usw. Selbst jetzt, trotz allgemeiner Verkümmerung der Sprachen auf der ganzen Welt, lesen sich von Engländern verfaßte Texte ganz anders als die von ihren amerikanischen Gegenstücken geschriebenen.

Zweifellos tragen die Schulen, die sich in den letzten vierzig Jahren sehr verschlechtert haben, einen Teil der Schuld. Die Misere geht aber viel weiter: Die wichtigsten Faktoren sind, neben der mangelnden Erziehung, die Massenmedien, Zeitungen, Fernsehen, Radio und auch die Film- und Vergnügungsindustrien. Das Mißtrauen gegenüber dem Intellekt, die Verachtung des Denkens, das Verhältnis zur Sprache, als wäre sie ein Schmutzlappen, sie alle steigen wie ein Miasma aus dem Boden des Landes. Dazu gehört auch als Konsequenz - man hätte es nicht für möglich gehalten -, daß 20 Millionen Einwohner als Analphabeten registriert werden. Der größte Teil der Bevölkerung hat nie etwas anderes gelesen als kompletten Mist. Daher die außerordentliche Bewunderung für Autoren von Bestsellern. Wer hätte gedacht, daß man mit etwas so Ungebräuchlichem wie einem Buch viel Geld verdienen kann? Daß die kuriose Beschimpfing eines Intellektuellen als eines Eierkopfs *(egghead)* schon vor Jahren in den Duden eingedrungen ist, zeigt, wie rasch Greshams Regel von der Verdrängung des Besseren durch das Schlechtere sich auch in Europa durchgesetzt hat.

XII

Der kategorische Superlativ - Es ist kaum notwendig zu betonen, in welchem Grade das öffentliche und das private Leben Amerikas von Reklame, *publicity,* durchtränkt sind. Das muß schon vor mehr als einem Jahrhundert so gewesen sein, als der Name des Zirkusunternehmers Barnum weltberühmt wurde. Großmäuligkeit, aber auch Hast und Neuerungssucht, gehörten wahrscheinlich von Anfang an zu den grundlegenden Charakteristiken des Landes.

Die hier lebenden Menschen selbst sind hilflos und betäubt von dem unsäglichen Geschrei, das Tag und Nacht auf sie losgelassen wird. Sie waren seit ihrer Kindheit ausgesetzt jenem unheilvollen Geschwisterpaar, der Reklame und deren noch hinterlistigeren Schwester Propaganda. Nichts kann so schlecht sein, daß man es nur „besser" nennen dürfte; alles ist das Beste, das Größte, das Neueste. Aber auch das Preiswerteste, das zu einem winzigen Bruchteil seines Wertes Angebotene. So lebt der Amerikaner in einer Wolke der Lüge; er weiß, daß alles, was er hört, erlogen ist, dennoch glaubt er den Lügen, weil er sonst nichts zu glauben hätte. Da er aber in einer verborgenen Falte seines Geistes ahnt, daß all das nicht wahr ist, wird er zum Mitwisser seines eigenen Betrogenseins. Alle Wirklichkeit wird ihm vorläufig, bis zu ihrem noch lauteren und schamloseren Widerruf. Ich kann gar nicht sagen, wie sehr mir diese Leute leid tun; sie sind die Opfer dessen, was ich einmal den ‚kategorischen Superlativ' genannt habe.

In der Hölle hat alles seinen Preis. Wenn ich mir diesen wenig wünschenswerten Ort vorstelle, so ist es als eine Stadt mittlerer Größe, in der alle Gebäude anstelle der Hausnummern den Betrag ihrer Errichtungskosten vorne angeschrieben haben. Was diese plausible Vermutung hervorrief war die Beobachtung, daß, wann immer in den Zeitungen die Rede war von einem neu geplanten Gebäude oder von einer Stellung, es hieß: „the forty-million-dollar-building" oder „the two-hundred-thousand-dollar-job". Auch das ist zweifellos eine Manifestation der landesüblichen Superlativitis. Natürlich spielt auf der ganzen Welt Geld nur dann keine Rolle, wenn man viel mehr davon hat als man braucht, und die Amerikaner sind vielleicht nur aufrichtiger. Jedenfalls ist das Wort „dollars" eines der vier häufigsten Wörter, die ich den Gesprächen meiner Mitreisenden in der New Yorker Subway entnehme, die andern will ich deutschen Ohren, seit Hermann und Thusnelda an Keuschheit gewöhnt, gar nicht zumuten.

Hast und Neuerungssucht – Erste Eindrücke sind immer maßgebend für alles, was auf sie folgt; und so erinnere ich mich noch sehr gut an mein Empfinden, als ich New York zum ersten Mal sah. Kommend aus dem stillen und langsamen Wien, wie mußte ich betroffen sein, als ich bemerkte, daß die gesamte Bevölkerung der Riesenstadt sich in einem dauernden Laufschritt bewegte. Was sie mit den Minuten, die sie auf diese Weise gewannen, anfingen, ist mir rätselhaft geblieben. In kleineren Städten ist die fieberhafte Eile weniger auffällig, denn die meisten Menschen sitzen in Automobilen, die die Aufgabe übernommen haben, das Leben zu durchrasen. Als Rolltreppen allenthalben eingeführt wurden, konnte man jedoch die seltsame Beobachtung machen, daß die gleichen Leute, die sich den langsamen Stufen in rasender Hast näherten, sofort auf ihnen stehen blieben, das Schneckentempo des Auf- und Abstiegs sichtlich genießend: zwei verschiedenen überlagerten Geschwindigkeiten waren sie nicht gewachsen.

Fieberhafte Ungeduld war wahrscheinlich von Anfang an ein Laster der Amerikaner. Sie hätten es nicht verstanden, wenn man ihnen den Segen der Langsamkeit gepriesen hätte. Unser Jahrhundert hat sich ja nirgendwo besonders ausgezeichnet, aber ein weniger kontemplatives Volk als die

Amerikaner kann ich mir nicht vorstellen. Alles was produziert wird, sei es industriell, wissenschaftlich, künstlerisch, alles trägt eine sehr kurze Verfallzeit. Drei Jahre, und schon ist es auf dem Mist. Nichts kann seinen natürlichen Weg gehen: lange bevor es gereift ist, ist es verfault. Kein Wunder, daß es manchem Beobachter geschienen hat, Amerika sei direkt von der Infantilität zur Senilität gegangen, alles überspringend, was schön ist am Leben des Menschen.

Daher ist Innovation die Zauberformel des Landes, wobei neu nicht das Gegenwort von alt ist, sondern von lebensunwert. Daß das Parlament dauernd damit beschäftigt ist, neue Gesetze zu beschließen, weil die alten sofort gebrochen werden, mag verständlich sein. Aber das Neue an sich zu einer magischen Regel zu erheben, halte ich für gefährlich. Selbst ein Fortschrittsgläubiger wird kaum leugnen, daß ein wahrer Fortschritt darauf bestehen muß, Altes mit Neuem zu verbinden. Ein Volk, das sich seiner Traditionen entledigt, gleicht einer Sprache, die ohne Grammatik auskommen will. Das mag ein leicht hinkender Vergleich sein, denn der eingeborene Sprecher braucht im allgemeinen keine Grammatik. Aber er lebt und spricht in den Traditionen seiner Sprache, und er wäre ein Narr, wenn er sie alle paar Jahre austauschen wollte, nur weil sie alt und daher obsolet seien.

XIII

Es gibt gewiß mehr sogenannte Wirklichkeiten als es Menschen gibt auf der Welt, obwohl man hie und da einen treffen mag, dessen Vorstellung von Wirklichkeit ihn durch sein ganzes Leben unverändert begleitet hat. Ob das für den Katalog der

„Achillesfersen“ Amerikas, den die vorhergehenden Abschnitte dieses Textes geboten haben, gilt, kann ich nicht sagen. In den vielen Jahrzehnten der Beobachtung müssen sich die durch ein und denselben Kopf filtrierten Eindrücke manchmal verändert haben. Wenn ich jedoch an die Briefe denke, die ich im ersten Jahr meines Aufenhalts im Land, 1928 bis 1929, nach Hause geschrieben habe, so scheint es mir, daß die ersten scheinbar vorschnell gezogenen Schlüsse sich immer mehr bestätigt und verstärkt haben. Was sich hingegen völlig geändert hat, war die Einschätzung dieser Beobachtungen. Anfangs erschienen mir Land und Volk als einfach grotesk; ich war beeinflußt von den ausgezeichneten satirischen Schriften des jetzt fast vergessenen, sehr guten Schriftstellers H. L. Mencken. Seit dem Tod Franklin Roosevelts schlug jedoch meine Stimmung völlig um: Ich erkannte, daß Amerika ein tragisches Land war. Der *Novus Ordo Seclorum,* die „Neue Ordnung der Zeiten“, wie ihn das Große Siegel der Staaten auf der Eindollarnote verspricht, erschien mir als ein Witz des Teufels.

Ein Haus ist am schönsten während seiner Errichtung, und so sollte auch ein Text nicht verhehlen, daß er in Schichten gewachsen ist. Nachträgliche Glättung, von allen Fachleuten empfohlen, hat ein so großer Prosaschreiber wie Paul Léautaud ausdrücklich verboten. So darf erwähnt werden, daß diese Zeilen am 6. Mai 1992 geschrieben werden, eine Woche nach dem Ausbruch der großen Negerrevolte in Los Angeles. (Daß in diesem Aufruhr das Element des Konsumerismus nicht fehlte, zeigt nur, wie amerikanisch die Schwarzen Amerikas sind. Weißhäutige Besitzer von Fernsehgeräten versicherten mir, daß die dort gezeigten Greuelbilder ihre Abneigung gegen die Neger noch verstärkt haben.)

Ich bestehe auf der Partikel „noch" im vorigen Satz, denn Amerika war immer ein ausnehmend rassistisches Land. Ob andere Völker unter den gleichen Umständen - massiver Import andersfarbiger Sklaven - sich ebenso verhalten würden, weiß ich nicht. Es gibt wahrscheinlich überhaupt keine wirklichen Parallelfälle in der Weltgeschichte. Der von den Deutschen in der Hitlerzeit gewählte dumme Ausweg der Rassentrennung durch Massenmord, durch Rassenmord, wäre, abgesehen davon, daß er keinem normalen Menschen des 18. oder 19. Jahrhunderts in den Sinn gekommen wäre, schon deshalb undenkbar gewesen, weil niemand eine Ware kauft um sie zu vernichten.

Auf welche Weise sind in der Vergangenheit historische Völker verschwunden? Wo sind die Sumerer, die Hethiter, wo die Skythen oder die Parther? Überall und nirgends, würde ich sagen. Im langsamen, im überaus langsamen Wege der allmächtigen Natur gehen Chromosomen, geht DNA nicht verloren - es sei denn, sie wurden in Auschwitz etc. etc. verbrannt -; sie verschmelzen, sie werden verdünnt oder im Wege von Mutationen allmählich verändert. Was bestand, besteht, und dann verschwindet es sanft durch Auflösung. Verschwunden heißt nicht geschwunden, die Natur ist nicht geschaffen um zu verarmen; nur der Mensch bringt das zuwege.

„Ja, aber die Juden?", höre ich fragen. „Sind sie nicht das einzige Volk des Altertums, dessen Abkömmlinge noch immer unter demselben Namen überall begraben, in der Erde oder in der Luft begraben, umherliegen; dessen Gläubige noch immer der alten Religion, in ihrer alten hieratischen Sprache, gehorchen?" Das in diesen Fragen enthaltene Staunen ist berechtigt, aber sie zu beantworten ist nicht leicht. Freilich hat es Leute gegeben, die die Juden als einen historischen Sonderfall betrachteten, als eine schlecht, weil unter Zwang, verdrängte Erinnerung der Weltgeschichte - nicht unähnlich den Arten von Mikroorganismen, die sich bei ungünstigen Lebensverhältnissen in Form von Sporen am Leben erhalten. Andere wieder sahen in der Thora, in den uralten Gesetzen des kleinen Volkes, eine Art von geistigem Melanin, das es von den anderen unterschied. Jedenfalls hat im Rest der Welt seit mehr als zweitausend Jahren staunende Entrüstung darüber geherrscht, daß da noch immer diese Leute herumlaufen, die in der einen Straße mit Juwelen oder mit alten Fetzen handeln und in der andern mit Nobelpreisen.

Ich halte alle diese Überlegungen für fruchtlos. Wir haben keine Metaphysik des Andersseins, denn die Übermacht, die wir nie verstehen werden, hat uns keine Aufschlüsse gewährt. Wenn die Menschen nicht so schlecht wären, hätten sie längst eingesehen, daß man Gegebenes nicht vernichtet, indem man es ausrottet: *tamen usque recurret.* Ich glaube, daß die Verarmung an Menschlichkeit in gleichem Maß gewachsen ist wie die Menge von angeblichen Erklärungen der Natur zunahm. Hat es uns geholfen, daß wir glauben, wir könnten den Begriff der Rasse untermauern durch die Annahme von erkennbaren Verschiedenheiten in der Chemie der Erbsubstanzen? Würde es uns helfen, wenn wir endlich die gesamte Nukleotidsequenz der Genome eines Negers und eines Weißen vergleichen könnten? Das Aufkommen des Rassenbegriffs hat viel beigetragen zum Unglück der Welt. Wenn es je „reine" Rassen gegeben hat, so denke ich, daß sie nicht Bestand haben konnten. Ich glaube, daß jedes Lebewesen mehr vom sozusagen „anderen" enthält als von sich selbst. In der Nacht der Jahrtausende ist viel geschehen, was die professionellen Rassenschnüffler lieber nicht wissen möchten. Wäre es nicht richtiger, das Leben auf Erden als eine unendliche Klaviatur zu betrachten, auf der unendlich viele Melodien gespielt werden können, keine besser als die anderen?

XIV

Da jede Utopie, die ich ersinnen kann, noch viel fürchterlicher ist als die Gegenwart, habe ich keine Hoffnung, daß die Menschen vom verhängnisvollen Rassenwahn geheilt werden können. Vielleicht könnte man erwarten, daß sie durch andere Sorgen davon abgelenkt werden. Das war in der Vergangenheit sicherlich der Fall, als „der andere“ eher als kurios denn als hassenswert erschien. Uns ist leider das Gefühl für die herrliche Buntheit der Natur abhanden gekommen, ebenso wie das Bewußtsein, daß diese Buntheit ein Gegebenes ist, wahrhaftig ein Geschenk vom Himmel. Nun ist die Geschichte der westlichen Völker unter anderem auch ein Bericht davon, wie ihre Welt, seit dem Eingreifen des Kapitalismus und der Naturwissenschaften, zunehmend monochrom geworden ist. Der abscheuliche Nationalismus, der seit der Französischen Revolution die Welt überzogen hat wie eine Pest, ist vielleicht ein Aufbegehren gegen diese unerträgliche Einfarbigkeit.

Ich habe den Eindruck, daß die Art von recht sinnlosem Nationalismus, wie er z. B. die Serben und die Bosnier bewegt, aufeinander zu schießen, in Amerika fehlt. Tatsächlich ist es schwer, von einer amerikanischen Nation zu sprechen. Eine Art von unterdrücktem Minderwertigkeitsgefühl scheint die Bewohner zu zwingen, unter Überspringung des Nationalismus direkt in Chauvinismus zu verfallen. Ein gestern angekommener Immigrant wird sich nicht schämen, dem Kritiker der zahlreichen Mißstände zuzurufen: „Love it or leave it!“ („Lieb das Land oder verschwind!“). Dabei ist der Mangel an Kritik eher zu bedauern als ihre Überhandnahme.

Die schwarze Minorität in Amerika beträgt etwas mehr als ein Achtel der Gesamtbevölkerung. Etwa der gleiche Prozentsatz wird für die unter der offiziellen Armutsgrenze Lebenden angegeben. Diese beiden statistischen Anteile sind natürlich nicht identisch in ihrer Zusammensetzung - es gibt nicht wenige weiße Armen -, aber es ist sicher, daß ein sehr großer Teil der Neger der untersten Schicht angehört. Nun frage ich: Wenn die Armut eine Farbe trägt, trägt sie sie, weil sie arm ist, oder ist sie arm, weil sie sie trägt? Dem nicht mystisch Gesinnten wird klar sein, daß die zweite Frage bejaht werden muß: und wenn er nach einen Grund sucht, wird er den allgemeinen Rassismus beschuldigen. Häufig durch sein Gesicht und seine Sprechweise gekennzeichnet, und immer durch seine Farbe, verbringt der Schwarze sein Leben im erbarmungslosen Licht eines Schweinwerfers. Tag und Nacht muß er Vorurteile bekämpfen, die so eingewurzelt sind wie alle schlechten Eigenschaften des Menschen. Wenn es so etwas gibt auf der Welt wie Gerechtigkeit, so wird sie ihm nicht zuteil. Geht er in einen Laden, so paßt der Besitzer dreifach auf, ob er nicht etwas stiehlt; bietet er seine Dienste an, so wird von vornherein angenommen, daß er nicht vollwertig ist und nur zur niedrigsten Arbeit fähig. Vollwertigkeit zu erwerben wird ihm so schwer wie möglich gemacht. Um die normale amerikanische Erziehung - mittelmäßig, wie sie ist - zu genießen, bedarf er wahrhaft herkulischer Kräfte.

Durch Jahrhunderte machte ein schwarzes Gesicht seinen Träger so gut wie unsichtbar. Die Neger bildeten einen finstern Hintergrund, den die kitschigen Lieder, Verkünder des „amerikanischen Traums“, rosenfarbig übermalten. Dreißig Millionen Unsichtbare sind jedoch schwer zu übersehen, und so sind in den letzten dreißig Jahren viele Gesetze beschlossen worden, die die Rechte eines amerikanischen Bürgers auf diese große Minorität ausdehnen sollen. Trotz gutem Willen – aber ist der Wille wirklich vorhanden, und ist er gut? – scheint das Ganze nicht zu funktionieren. Auf dem Papier gibt es keine Rassentrennung, in Wirklichkeit existiert sie wie zuvor.

Überhaupt – und da reicht das Auge weit über den amerikanischen Kontinent hinaus – gibt es wenige Dinge, aus denen die Bösartigkeit der Menschheit so klar hervorgeht wie aus der Geschichte des Kolonialismus. Phantasielose Habgier hat ein unaussprechliches Elend über ganze Weltteile gebracht; sie hat die Geschichte und die Tradition zahlloser Völker und Stämme irreversibel zerbrochen.

XV

In den uralten Ländern Europas und Asiens weiß die überwiegende Mehrzahl der Einwohner, daß ihre Vorfahren seit sehr langer Zeit im Lande gewohnt, seine Sprache gesprochen und seine Geschichte miterlebt haben. Wenn Monsieur Dupont, Mister Smith oder Fräulein Müller unter der jetzt viel besprochenen Identitätskrise leiden, so ist das eher eine Modesache und hat nicht viel zu bedeuten. Sprache und Geschichte geben ihnen einen festen Halt, wenn sie willens sind, danach zu greifen. Ganz anders in Amerika: Nicht nur ist die Geschichte des Landes selbst sehr kurz, sondern ein jeder weiß auch, daß er entweder von Einwanderern abstammt, von denen die meisten erst in den letzten einhundert oder einhundertfünfzig Jahren ins Land gekommen sind, oder selbst eingewandert ist. Vielen, sehr vielen ist ihre Identität abhanden gekommen, ihre Sprache und Geschichte vertauscht worden. Nur diejenigen, die im 17. und 18. Jahrhundert nach Amerika immigrierten oder, besser gesagt, dorthin verschickt wurden, bilden eine Ausnahme. Wer Defoes schönen Roman *Moll Flanders* gelesen hat wird sich erinnern, daß „transportation“ in die Kolonien oft die einzige Rettung war für zum Galgen verurteilte Verbrecher. Allerdings mußten diese ihr Leben in der neuen Welt als Leibeigene anfangen. Mit der Lebensgeschichte mancher dieser begnadigten Übeltäter beginnt der wichtigste Mythos des Landes, die soziale Beweglichkeit, wie er sich in der Formel *rags to riches* ausdrückt; das Gold kam erst später.

Jedenfalls hat bereits die frühe Geschichte Amerikas - vor dem Einsetzen der großen Einwanderungswellen und vor dem Krieg zwischen den Nord- und Südstaaten - es mit sich gebracht, daß es eine riesenhafte Versuchsstation des Sozialdarwinismus geworden ist. Man sah nur die Reichsten, man hörte nur die Lautesten; die von der Verfassung versprochene *pursuit of happiness* schien ausschließlich dem Überleben der Tatkräftigen und Rücksichtslosesten gewidmet zu sein. Schon von Anfang an herrschte die krankhafte Superlativitis.

Amerika ist besonders reich an Mythen höchst unmythologischer Art. Einer der hartnäckigsten Glaubenssätze ist der von der klassenlosen Gesellschaft, auch er ein Produkt des kategorischen Superlativs. Die einzige sichtbare Klasse besteht nämlich aus denen, die vorne geblieben sind im ewigen Marathonlauf des Lebens. Wer „es nicht geschafft“ hat, bleibt unsichtbar. Ich habe den Verdacht, daß das eine Erklärung für die oft skandalös niedrige Wahlbeteiligung ist, und auch ein Grund dafür, daß die amerikanische Demokratie zu den vielen unverkäuflichen Exportprodukten des Landes gehört. Wenn heutzutage ein Land sich dieser Form von Demokratie anzuschließen bereit erklärt, bedeutet das nur, daß es eine beträchtliche Finanzhilfe von Seiten Amerikas erwartet. Es wird sich herausstellen, daß im Export seiner Regierungsform Amerika immer eine Art von Dumping betrieben hat. Früher hat es sein gutes Geld, jetzt nur sein schlechtes, für völlig wertlose Lippenbekenntnisse ausgegeben.

XVI

Wenn ein Land von der Größe Amerikas mit seinen enormen geographischen, ökonomischen, ethnischen, linguistischen und religiösen Verschiedenheiten eine Individualität, eine Zivilisation entwickeln soll, so kann das nur in Form des Kleinsten Gemeinsamen Nenners geschehen. Es ist daher nicht verwunderlich, daß die Zivilisation des Landes eigentlich nur dadurch definiert ist, was man in den Supermärkten zu kaufen bekommt. Einkaufen kann man ja auch, wenn man sich nur durch heiseres Bellen verständlich machen kann. Und auf viel mehr kommt die herrschende Konsumierzivilisation auch nicht heraus. Das Volk wird zusammengehalten durch das, was es zu essen, zu hören, zu sehen und zu lesen bekommt. Es wird das gleiche sein, ob in Alaska, ob in Florida; dafür sorgen die großen Industrie-, Meinungs- und Manipuliertrusts. Die vielleicht wichtigste Klammer, eine gemeinsame Sprache, fehlt immer mehr und mehr. Die Annexion von

Puerto Rico und die Fluten von Mittel- und Südamerikanern, die über die schlecht kontrollierte, durchlässige Grenze gegen Mexiko in die großen Städte der USA gedrungen sind, haben Spanisch zu einer wichtigen Minderheitssprache in den USA gemacht. Die allerdings vielfach umstrittene Volkszählung von 1990 ergab mehr als 22 Millionen von „Hispanics", davon über 13 Millionen Mexikaner. Diese sehr große, viele Varietäten des Spanischen sprechende Gruppe scheint besonders schwer assimilierbar zu sein, d. h. sie ist unfähig oder unwillig, sich der alles in allem noch immer anglo-amerikanischen Zivilisation des Landes anzupassen. Der berühmte Schmelztiegel, *melting pot,* als den sich Amerika gern ansah, hatte schon früher lange nicht so gut funktioniert, wie behauptet wurde; jetzt ist er, denke ich, völlig zusammengebrochen.

Wo die Not am größten, ist das Geschwätz am lautesten. In einem Land, das dem Herankommen von geschichts-, sprach- und traditionslosen Generationen beiwohnt, herrscht unter den Fachleuten eine lebhafte Diskussion darüber, was sich *multiculturalism* nennt; also das Konzept, daß Unterricht und Lebensatmosphäre Amerikas allen Beiträgen, die die Kulturen der Ursprungsländer aufzuweisen haben, gleiche Beachtung zollen müssen. *Sub specie aeternitatis* ist das gewiß eine schöne Vorstellung, und es hätte wenig Sinn, die Benin-Skulpturen zu vernachlässigen, weil es einen Brancusi oder Giacometti gegeben hat, oder einen Kanon aufzustellen, der nur westliche Dichter und Künstler anerkennt. Auch spräche nichts dagegen, die Geschichte – soweit es eine gibt – der großen afrikanischen Völker, bevor die Kolonialpest ausbrach, zu studieren; sie wäre mindestens so wissenswert wie die Geschichte der Völkerwanderungen im frühen Mittelalter.

Darauf kommt es aber nicht an: Zuerst muß man lesen und schreiben lernen. Worum es sich handelt ist zu verhindern, daß das rapid schlechter werdende Schul- und Erziehungssystem Amerikas immer häufiger komplette Analphabeten, sei es im Englischen, sei es im Spanischen oder polyglott, erzeugt. In den vielen Jahren, die mir zur Beobachtung eingeräumt waren, hat der Bildungsgrad des Landes erschreckend abgenommen - trotz (oder wegen) der Zunahme an Spezialisten auf allen Gebieten.

XVII

Armes Amerika? Ich zweifle, daß mir viele zustimmen werden, wenn ich die Vereinigten Staaten von Amerika ein tragisches Land genannt habe. Die neue Ordnung der Dinge, wie sie die Begründer des Staates verkündeten, sie war ein edles Unternehmen, voll von dem wundervollen Auftrieb der Aufklärung des ausgehenden 18. Jahrhunderts. Die Welle eines philosophischen Optimismus, die sie vorantrieb, war gewiß nicht weniger wuchtig als die Welle eines apokalyptischen Optimismus, die Lenin mit sich riß. (In diesem Satz ist Lenin sowohl Nominativ wie Akkusativ.) In beiden Fällen, so bin ich sicher, mußten sie oft die Augen schließen oder von manchem wegblicken, denn die Weltgeschichte lehrt, daß es meistens anders kommt als man glaubt. Andere Wellen rollen mit anderer Wucht, und am Ende ist alles nur Menschenwerk. In beiden großen Umwälzungen war, denke ich, ein übertriebener Glaube an die Belehrbarkeit des Menschen tätig. Ein großer Unterschied ist offenkundig: Die amerikanische Unabhängigkeit begann in einem großen leeren Land mit wenigen frischen Leuten - wer zählte schon die Indianer? –; die russische Revolution fand statt in einem großen vollen Land mit vielen vom Krieg schwer mitgenommenen Leuten. Daher konnte Amerika sich ein sehr langsames Wachstum aller seiner Einrichtungen und auch seiner Bürokratie erlauben, was in der Sowjetunion nicht der Fall war. Bemerkenswerterweise herrscht in der amerikanischen Bevölkerung noch immer eine starke Abneigung gegen zentrale Regelungen. Auch kenne ich kein anderes Land, in dem Uniformen so unbeliebt sind wie hier.

ZWEITER TEIL

I

Jetzt muß sich der Ton dieses Textes verändern, denn er soll sich der höchst lächerlichen Tätigkeit widmen, die Zukunft unserer Welt zu betrachten. Ich hatte das schon einmal, in meiner *Kritik der Zukunft,* zu tun versucht, aber das war vor dem denkwürdigen Jahr 1989. Unsere gegenwärtigen Sprachen sind für diese Art von Haruspektion wenig geeignet. Unsere Dichtung ist sehr unhieratisch, unsere Prosa ein pikantes Gehacktes; Syntax und Lexikon haben Urlaub genommen. Die Gorgonen sind als Kosmetikerinnen tätig und können einem jeden blöden Kürbiskopf eine gerunzelte Stirn anschminken. Weder Ezechiel noch Pythia könnten sich jetzt hörbar machen, wenn auch die aalglatte Seichtheit eines Nostradamus ihn zum Mitglied des Hoover-Instituts prädestinieren sollte.

Wie viele Jahrhunderte hat der Fall von Rom gedauert? Manche werden sagen, es sei ein langsamer Untergang gewesen und ein plötzlicher Fall: zuerst einige hundert Jahre und dann über Nacht. Andere werden behaupten, man könne zwischen Niedergang und Sturz überhaupt nicht unterscheiden, jener sei eben dieser gewesen; ein jedes Gebilde trage von Geburt an den Keim seines Endes. Ich bin jedoch überzeugt davon, daß einmal in jenen traurigen Zeitläuften ein Römer aus dem Fenster geschaut und dann gesagt haben wird: „Komisch, jetzt hör ich nur mehr Lateinisch mit deutschem Akzent!“ Da war aber Rom schon längst gefallen. Die wahre Barbarei trägt gerne das Gewand des Besiegten.

Ich kann mir keine zeitgemäßere Lektüre vorstellen als die von Gibbons großartigem langen

Buch. Die Fachwelt hat *The Decline and Fall of the Roman Empire* gewiß schon seit einhundertfünfzig Jahren auf das Hinterregal gestellt, denn was Gibbon an Inschriften, Dokumenten und archäologischem Plunder alles nicht gekannt hat, ist jetzt schwer zu erfassen. So mag an seinem Buch alles falsch sein außer dem Wichtigsten, nämlich dem, was im Leser hängen bleibt, lange nachdem er die dicken Bände weggelegt hat. Für mich ist die tragische Majestät des *imperium romanum* nie so klar hervorgetreten wie aus Gibbons langen, fest atmenden, unzerstörbaren Sätzen, in deren Kadenzen der wuchtende Tritt der Legionen ebenso lebt wie das mal sanfte, mal rauhe Tönen der Dichtung.

Also, wie schon gesagt, als Rom fiel, war es schon längst gefallen. Wenn die Menschen vergessen, was sie wissen müssen, um zu leben, so sterben sie bald; aber nicht ohne es vorher ihren Kindern weitergegeben zu haben. Schwinden jedoch der Wille oder die Fähigkeit zur Weitergabe, so fällt das Volk, so fällt das Land. Diese geheimnisvolle Asthenie, die ja auch dafür sorgt, daß die Bäume nicht in den Himmel wachsen, begann in Rom bereits im zweiten Jahrhundert n. Chr. bemerkbar zu sein. Daß Kaiser Konstantin einhundertfünfzig Jahre später das Christentum salonfähig machte, änderte kaum die Richtung des Untergangs. Um die Tracht und die Liturgie der römischen Priester, die ihm ergebenst entgegenwedelten, hat sich Alarich wahrscheinlich wenig geschert.

Ich glaube, wir erleben jetzt den Zweiten Fall von Rom – und kein Christentum vor den Toren. In den meisten Ländern ist der Glaube an den durch die Naturforschung garantierten Fortschritt an die Stelle der Religion getreten; aber von der Nähe betrachtet sind die Naturwissenschaften doch nur ein Surrogat, das den Aberglauben, nicht den Glauben der Gemeinde anspricht.

Heutzutage wird überall von einem vielseitigen Ende herumgeredet: Ende der Weltgeschichte, Ende der Ideologien, Ende des Marxismus, des Kommunismus, der Planwirtschaft usw. Die Leute, die sich das Ende der Geschichte haben einfallen lassen, also diese Einfallspinsel merken nicht, daß die Geschichte gerade wieder einmal beginnt. Sie tut das mit ungeheuer viel Blut und Zerstörung. Somalia und Mozambique, Angola und Liberia, Sudan und Libanon, Haiti und El Salvador, Georgien und Tadschikistan und das so völlig unsinnig zertrümmerte Jugoslawien: Wenn ich die Orte des Blutvergießens in den letzten paar Wochen mit einem roten Punkt auf dem Globus versehe, ist die ganze Kugel blutrot. Als der Zweite Weltkrieg zu Ende war, wechselte Mars nur sein blutiges Hemd. Man hätte sagen können, daß alle Wege auf das Jahr 1989 zuliefen, jenes *annus mirabilis* des 20. Jahrhunderts. Ich denke nicht, daß dieses Datum als das Gründungsjahr der von nun an ewigen globalen Marktwirtschaftsdemokratie fortleben wird; es wird einen andern Namen tragen.

II

Am 8. Juli 1920 schrieb Franz Kafka in einem Brief an Milena einen Satz, den er zwar ganz anders meinte, der aber trotzdem ein recht gutes Motto über meinem Text abgeben könnte:

> Man macht sich schon in der Gegenwart zum Kampfplatz der Zukunft, wie soll dann der zerwühlte Boden das Haus der Zukunft tragen?

So auf S. 99 der erweiterten Neuausgabe der *Briefe an Milena* (S. Fischer Verlag, Frankfurt 1983).

Die Antwort auf Kafkas Frage ist banal: kein Haus steht ewig. Auch als das römische Weltreich zerfiel, war der Boden nicht wenig zerwühlt: die Völkerwanderungen, die Hunnen- und Mongolenzüge usw., vom Christentum gar nicht zu reden. Bei passender Gemütslage hat die Zukunft wahrscheinlich immer hoffnungslos ausgesehen. Immer ging wie in Nestroys *Judith und Holofernes* der Hohepriester Jojakim durch die Straßen der belagerten Stadt und rief „Weh! Weh! Dreimal Wehe!!!!“ Nestroys schreiender Gottesmann hat auch eine Erklärung für seine Tätigkeit, die allen Satirikern zu empfehlen ist: „So wie der Arzt Balsam in die Wunden, so träufle mein Wort Erquickung in die schmachtende Seele.“ Leider kann diese Art von geistlichem Trost das Elend der Menschen nicht lindern. Viel eher vermögen das, wie die letzten paar Jahre gezeigt haben, verschiedene High-Tech-Produkte japanischer Provenienz, die nie schöner ausschauen, als wenn man sie aus dem geplünderten Laden wegträgt.

Auch die gegenwärtigen Zeilen können nur diese Art von Balsam spenden, denn ich bin überzeugt davon, daß wir in sehr finstere Zeiten eintreten. Dabei werden es Zeiten sein, in denen kein Origenes, kein Augustinus, eingesponnen in die Kokons ihrer unerschütterlichen Frömmigkeit, die neue Erfüllung werden begründen helfen. Es werden sture, barbarische Zeiten sein. Die Hände, aus denen man in den Mund wird leben müssen, werden blutbefleckte Hände sein. Die Welt, ein höllisches Disneyland, erfüllt von Attrappen der Erniedrigung und Zerstörung; eine Mördergrube, in der ein jeder das gleiche demokratische Recht besitzt, geschändet und ermordet zu werden. Ohne die Hilfe des Johannes auf Patmos wird jedoch keine zweite Apokalypse geschrieben werden, sondern besten-, also schlimmstenfalls ein

Fernsehspektakel, dem unsere Welt immer mehr zu ähneln beginnt.

Wenn die Nachtwächter damit anfangen, die Alarmglocken zu stehlen, und die Feuerwehr sich besäuft, sobald der Hilferuf eintrifft, ist es schlecht bestellt um die Stadt. Das ist aber der Eindruck, den meine Welt auf mich gemacht hat, seit ich alt genug war, um über sie nachdenken zu können. Es war und ist eine Welt, an der zitterige halbblinde Chirurgen herumoperieren, ohne je zu wissen was sie tun. Sie verschneiden, sie transplantieren, alles stinkt und ist verfault; und bei genauerem Zusehen sind ihre Messer stumpf und rostig, und die Pfuscher haben nicht einmal die Lizenz zur Ausübung ihres verderblichen Gewerbes. Es wäre gut, wenn man sagen könnte, diese Stümper hätten die geschickteren Chirurgen verdrängt oder nicht aufkommen lassen; aber das ist nicht der Fall: Sie sind die besten, die man finden kann.

Mit andern unmetaphorischen Worten, die Politik der ganzen Welt ist auf den Hund gekommen. Weit und breit ist kein Mensch zu sehen, den man als Staatsmann anerkennen wollte. Vielleicht gibt es noch einen in China, und der ist hundert Jahre alt. Wenn die Weltgeschichte mir nicht zu unappetitlich wäre, um darin herumzustochern, könnte ich mit ein paar Namen aus der Vergangenheit aufwarten, denen man das Kognomen eines großen Politikers nicht verweigern wird. (Auf den Zuruf aus dem Publikum, der Jüngste auf meiner Liste werde wahrscheinlich König Hammurabi von Babylon sein, will ich nicht eingehen.)

Die Verständigung der Menschen untereinander wurde durch ihre technologische Erleichterung enorm erschwert; in ähnlicher Weise wie Wissen und Bildung durch die Informationsexplosion. Wir haben gelernt, jetzt nur mehr mit Hülsen zu handeln; was einmal darin war, ist längst davongeflogen. Je weniger der Eine vom Andern weiß, desto besser für beide. Die Geschichte ist immer eine Chronik von Scheußlichkeiten gewesen, aber bis etwa zur Französischen Revolution mußten Hunderte von Jahren vergehen, bevor eine Seite der Chronik umgeblättert werden konnte. Jetzt wirbeln die Blätter, wild und meist unbeschrieben, an uns vorbei. Manchmal steht allerdings mehr auf einem Blatt als wir in der Eile lesen können. So hat sich das uralte Russische Reich, ob Zaren- oder Sowjetland, in wenigen Tagen aufgelöst, durch Selbstmord oder durch Implosion. Man zittert bei dem Gedanken, was alles noch zu diesem Blatt der Historie in Zukunft wird hinzugefügt werden müssen.

III

Wie schon früher angedeutet ist es mein Eindruck, daß wir dem Anfang einer Völkerwanderung beiwohnen, einer ziel- und hoffnungslosen Massenflucht, einer gleichsam tektonischen Verlagerung, hauptsächlich, aber nicht ausschließlich von Osten nach Westen, von Süden nach Norden. Den Überlebenden werden die gewaltigen Invasionen des frühen Mittelalters, aber auch das, was die Deutschen in den Jahren 1933 bis 1945 getan haben, nicht einmal wie eine Kostümprobe vorkommen dafür, was sich dann abspielen wird. Genozid, Hungersnöte und Epidemien werden, fürchte ich, die Stempel des kommenden Jahrhunderts sein; eines Jahrhunderts, dessen hervorstechende Triebkraft die rasende, hemmungslose Wut, wie sie Frantz Fanon dem Kolonisierten zuschreibt, sein wird. Ansätze zu all dem sind schon in der Gegenwart bemerkbar, denn die Wut des Kolonisierten, des Ausgenützten erhebt sich bereits in vielen Herzen. Sehr viele Leute beginnen einzusehen, wie unsäglich ausgenützt sie sind, wenn auch die meisten sich weigern, wahrscheinlich mit Recht, die Ausnützer nur dort zu sehen, wo Marx sie ihnen gezeigt hat.

Was unsere Zeit, im Gegensatz zu allen früheren Epochen der Geschichte, zustande gebracht hat, ist, mit Hilfe der Wissenschaft und der Technik Werkzeuge der Massenausrottung zu produzieren, durch die in wenigen Tagen die gesamte Bevölkerung der Welt vernichtet werden kann, und noch dazu mehrfach, wie die Prahler sagen. Nun wäre es falsch zu denken, daß die Zerstörung des geringen Restes von Zivilisation, die ich voraussehe, von der Unfähigkeit begleitet sein wird, sich solcher Waffen zu bedienen. Wer diese Fähigkeit leugnet, kennt die Welt nicht. Da der Fachmann im allgemeinen den Laien überlebt, weil er weniger schuften muß, werden die paar Leute, die zum Abfeuern nötig sind, noch lange vorhanden sein. Außerdem bin ich bereit zu wetten, daß zu einer Zeit, da die noch existierenden Menschen das Wort Atom nicht mehr buchstabieren können, es noch überall reichlich Atomwaffen geben wird. Wie sehr diese den voraussichtlichen vielfachen Völkermord erleichtern sollten, braucht nicht betont zu werden.

Anfangs wird es also eine kernbewaffnete Barbarei sein, erst später wird man darauf angewiesen sein, einander an die Gurgeln zu springen. Was die von mir vorhergesehene Stammes- und Völkerbewegung betrifft, so wird sie, denke ich, nur zum Teil von der Wut getrieben sein. Ein unendlich viel wichtigerer Beweggrund wird das ökologische Elend sein, nicht das existentielle oder psychologische. Die durch die Umweltvergiftung hervorgerufene rapide Verschlechterung der Ernährungs- und sonstigen Lebensbedingungen großer Teile der

Welt ist nicht etwas, was durch Symposien, Konferenzen und Aufrufe geheilt werden kann, wie man es jetzt tut. Dazu würden Maßnahmen von einer solchen alles durchdringenden, alles ergreifenden Askese nötig sein, daß es undenkbar erscheint, daß unsere Welt, wie sie jetzt konstituiert ist, sie durchführen könnte. Das jetzt an sehr wenigen Orten zögernd angewandte lächerliche Englischpflaster heilt keine Wunde.

Da man demnach annehmen muß, daß es den Menschen nicht gelingen wird, zu einem gutwilligen Einvernehmen mit der Natur zu gelangen, wird diese sich anderen und gewaltsameren Rat schaffen. „Mein Auto fährt auch ohne Bäume", hieß es in der Schweiz. Nun glaube ich, daß es sich schließlich und endlich herausstellen wird, daß die Bäume ohne die Schweizer Autopartei besser auskommen können als diese ohne jene. Allerdings muß man es beklagen, daß überall in der westlichen Welt, und besonders in Amerika, die Menschen anscheinend auch nicht mehr Intelligenz besitzen als die Angehörigen jener komischen Sekte, die ihre Verkehrsmittel göttlich verehrt. Wenn, wie es nicht unwahrscheinlich ist, am Ende des 21. Jahrhunderts die Bevölkerung der Welt auf ein Zehntel der gegenwärtigen reduziert ist, werden viele Aufgaben, die wir Probleme nennen, weil sie unlöslich sind, mit einem allerdings sehr unangenehmen Schlag gelöst sein.

IV

Als die Menschen, um die Nichtwahrnehmbarkeit ihres ihnen von Darwin schonend nahegelegten Tiercharakters zu zelebrieren, sich mit steifen Krägen bekleideten, also in der Viktorianischen Epoche, glaubten sie innig an den Fortschritt. Von allzu großer Nähe betrachtet war jener enorm: *Entweder-Oder* mußte noch bei Kerzenlicht geschrieben werden, fürs *Kapital* stand bereits Gasbeleuchtung zur Verfügung. Da die Natur keine Gratisproben kennt, dauerte es nicht lang, bis die ersten Rechnungen präsentiert wurden. Leider gingen (und gehen) diese zumeist an die falsche Adresse. Unten fahren die Schweizer, oben sterben die Bäume. Die große Göttin Gaia rächt sich für alle Beleidigungen, aber sie tut es in einem Turnus, den wir nur schwer erkennen. Gerade in der Zeit, von der hier die Rede ist, in der Viktorianischen, finden sich bereits lokalisierte Beschwerden, besonders in der englischen Literatur. Im Triumphgeheul der Fortschrittsgläubigen wurden diese leicht überhört. Auch ich war schon sehr erwachsen, als ich das Wort Umwelt zum ersten Mal vernahm.

Der größte Verwüster, der Kraftwagen, war noch nicht vorhanden, als Karl Marx starb. Er hätte ihn gewiß jubelnd begrüßt. Tatsächlich scheinen die von seinen Lehren geleiteten Länder ihre Umwelt noch mehr runiniert zu haben als die dem Kapitalismus geweihten. Wie es in hundert Jahren, wenn die Natur, oder was davon übrig ist, ihrer Todfeinde ledig geworden sein wird, wie es dann aussehen wird auf der Welt, ist nicht zu sagen.

Wer ist der hauptsächliche Todfeind der Natur? Es ist die jedem Menschen innewohnende Furcht vor dem Tod und der unwiderstehliche Drang, diese Angst zu betäuben. Sterben hat noch ein jeder getroffen, und in der Vergangenheit geschah es, ohne die Natur zu zerhacken. Jedenfalls war der ihr zugefügte Schaden immer widerruflich. Erst in den letzten einhundertfünfzig Jahren ist das anders geworden: Es setzte eine Zwangskolonisierung der Natur ein, die zu nicht wiedergutzumachenden Schäden und Verstümmelungen führte. Den Ausgang des Kriegs zwischen Mensch und Natur zu beschreiben, überlasse ich lieber den Adepten der Science-fiction.

Habe ich recht, wenn ich der Furcht vor dem Tod eine so gewaltige Wirkung zuschreibe? In religiöseren Zeiten war dies gewiß anders. Ich beziehe diesen Eindruck aus der Musik, vielleicht der einzigen menschlichen Tätigkeit, die nicht lügen kann. „Ich freue mich auf meinen Tod" heißt es in der wunderschönen Kantate Nr. 82 von J. S. Bach; der Sänger tanzt geradezu im $^{3}/_{8}$-Takt in den Tod hinein. Solch Freudenüberschwang müßte jetzt, zum Beispiel in der Wall Street, große Heiterkeit hervorrufen.

Selbst in tief christlichen Zeiten gab es jedoch auch andere Stimmen. So kommt mir zum Beispiel ein schönes Gedicht des schottischen Dichters William Dunbar (um 1500) in den Sinn. Es heißt *Lament for the Makars* und ist ein langes Gedicht, mit fünfundzwanzig Strophen, eine jede mit dem Refrain *Timor mortis conturbat me.* („Die Furcht vor dem Tod verwirrt mich.") - eine Klage, die im selben Wortlaut auch in mehreren englischen Gedichten aus dem Mittelalter vorkommt.

Diese Angst hat es immer gegeben, nur hat sie sich in verschiedenen Zeiten verschieden ausgedrückt. Als die großen Weisen des Ostens von vielen gehört wurden, als der Buddhismus, der Taoismus usw. ganze Völker durchdrangen, als das Christentum Europa innig ergriff, als der Koran das Gesetzbuch riesiger Länder wurde, war das Bewußtsein des einzelnen von ganz anderen Vorstellungen erfüllt als in unsern leeren - weil übervollen - Zeiten. Man hätte wahrscheinlich immer sagen können, daß der größte Teil der Menschheit es leichter fand, ein Kind zu erzeugen als ein Buch zu lesen; aber wer lesen konnte, der las Bücher von ganz anderer Art. Die Verbaljauche, die unsere Gehirne jetzt verklebt, ist, denke ich, einzigartig. Daß das geschriebene Wort am Übel weniger beteiligt ist als das elektronisch umherklappernde, ist eine andere Sache.

V

Was mir zuerst in Amerika auffiel, weil ich dort mein Leben verbrachte, gilt sicherlich für unsere ganze Welt, nämlich der völlige Verlust der Wirklichkeit. Nun wird mancher einwenden, daß Wirklichkeit kein Singular ist; es gebe viele Wirklichkeiten. Das mag nicht unrichtig sein; dennoch möchte ich behaupten, daß bis zum Ende des 18. Jahrhunderts jeder Mensch in irgendeiner Weise, sozusagen mit einem Zipfel seines Wesens, *die* Wirklichkeit berührte. Später jedoch begannen Heimatlosigkeit, Ausgeschlossenheit, Eingesperrtheit sich auszubreiten. Wenn man die Theaterstücke eines Molière oder Congreve mit denen eines Beckett oder Ionesco vergleicht, gewinnt man den Eindruck eines gewaltigen Umsturzes. Alles war einst fest, alles wackelt jetzt. Zwischen den einzelnen und seine tägliche Welt haben sich Gitter und Schranken geschoben, die mit jedem Jahr dichter und undurchdringlicher werden. So entsteht eine untergeschobene Ersatzwirklichkeit, ein „digitaler" Herzensschrei, eine technikolorierte Naivität. Man hat der Wirklichkeit so lange nachgeholfen, bis sie sich zurückgezogen hat.

Das begann um das Jahr 1800 herum mit der ganz Europa umfassenden romantischen Bewegung, die sich als ein wahres Schwitzbad der Seele erwies. Daß die von ihr hervorgerufene Steigerung und Verfeinerung der Gefühle zugleich deren Verarmung bedeutete, konnte man erst später erkennen, als es schon viele Leute gab, die beim Anhören einer Beethovensonate sich nach einem bessertemperierten Klavier sehnten, nach der festern Wirklichkeit einer Bachfuge.

Nun steht es, denke ich, so: Das Sein weiß nicht, daß es ist; der Schein weiß, daß er scheint. Wir leben jetzt alle als Mitwisser des fürchterlichen Betrugs, dem wir zum Opfer gefallen sind. Unser ganzes Leben lang dekorieren wir selbst, jeder seinen eigenen Käfig, und nennen ihn Freiheit oder, wenn wir besonders primitiv sind, nennen wir ihn Automobil. Tatsächlich war die gewaltige Veränderung der Beweglichkeit der Menschen eines der hauptsächlichen Werkzeuge ihrer Entwirklichung. Sie brauchen jetzt viel weniger Zeit, um in die Hölle ihrer eigenen Fabrikation zu gleiten.

Solange der Mensch in der Wahrheit lebte, konnte er nachdenken über das Unerreichbare, das Unerklärliche. Im Segen des Rätselhaften stand er auf festerem Boden als wir es tun in unserem wissenschaftlichen Zeitalter, das alle Geheimnisse frißt, um sie als Fakten auszuspeien. Diese, als Software verpackt, informieren dann Generationen, die alles wissen, ohne irgendetwas zu verstehen. Zweifellos waren es die Naturwissenschaften und die von ihnen vorangetriebene Technik, die sich zwischen die Menschen und deren Welt geschoben haben, durch die so geschaffene Verwirrung beitragend zum Verlust der Wirklichkeit.

VI

Was nenne ich Natur? Die Welt ohne Menschen. Das wird nicht immer so gewesen sein. Wer die Schöpfungsgeschichte liest wird sehen, daß Adam und Eva Teil der Natur waren, bevor sie aus dem Garten vertrieben wurden. Die überwiegende Rolle, die die Naturwissenschaften in der Entfremdung der Menschheit von der Natur, also von der Wirklichkeit aller Wirklichkeiten, gespielt haben, ist vielleicht nicht allgemein anerkannt. Da dieser Vorgang sich zu meinen Lebzeiten, als ich selbst an der Naturforschung beteiligt war, ereignete, bin ich seiner besonders dringlich bewußt geworden. Das Erscheinen einer deutlichen Verwerfungslinie, wenn ich sie so nennen darf, kann sogar datiert werden: Es war der Zweite Weltkrieg und die darauf folgenden zehn oder fünfzehn Jahre. Ich glaube, daß es die Atomspaltung und die Atombombe waren, die den ersten gewaltigen Anstoß zu dieser gleichsam tektonischen Verschiebung gaben. Gebührlicherweise machte die Physik, die Mutter der exakten Wissenschaften, den Anfang. Dann kam die Biologie, besonders mit der Mißhandlung des Zellkerns und des genetischen Apparats, in mäßigem Abstand gefolgt von den andern Naturwissenschaften. Nur wenigen Wissenschaften gelang es, die Unschuld der Kleinheit und der Unschädlichkeit zu bewahren.

Weil ich über diesen, nach meiner Meinung verhängnisvollen Vorgang früher mehrmals gesprochen habe, will ich mich auf ein paar Dinge beschränken, die unmittelbar zum Gegenstand des gegenwärtigen Textes gehören. Wenn ich mich als einen 98prozentigen Laien ansehen darf, möchte ich unter den Richtungen, die der Naturforscher einschlägt, vier unterscheiden: 1) Beobachtung und Beschreibung; 2) Analyse; 3) Synthese; 4) Theorie - ein Begriff, der das Nachdenken über die Ergebnisse der vorhergenannten drei Richtungen wie auch die Aufstellung und Kritik von Hypothesen umfaßt. In verschiedenen Ausmaßen nehmen natürlich alle experimentell beschäftigten Forscher an allen Richtungen teil. Außerdem gibt es, in auffällig zunehmendem Maß und in allen Fächern, reine Theoretiker, unbeschmutzt von Laboratorium, Observatorium usw., die sitzen und denken, oder klopfen vielleicht auf die Tastaturen ihrer Computer. Ich habe viele angesehene Chemiker oder Biologen gekannt, die seit ihrer Studienzeit mit keiner chemischen Verbindung, keinem lebenden Wesen zu tun hatten außer als Konsumenten.

Die ersten großen Zeiten der Naturwissenschaften, beginnend mit dem 17. Jahrhundert, waren fast ganz der gründlichen Beobachtung und der sorgfältigen Beschreibung von Naturereignissen gewidmet. Augen und Hände, neben einigen einfachen Geräten, waren die wichtigsten Werkzeuge. Da fast alles unerhört, ungeheuer und neu war, war die Wahl der Themen wahrscheinlich viel mehr dem Zufall überlassen, als wir es jetzt ermessen können. Von den drei anderen früher aufgezählten Richtungen kam die vierte, die Theorie, als Systematik zu Wort, indem die Gruppierung einer großen Anzahl von Beobachtungen vorgenommen wurde. Dafür mögen die Namen eines Linné oder Buffon stehen. Für das, was ich als Analyse und Synthese bezeichnet habe, war anfangs wenig Gelegenheit, außer vielleicht bei Paracelsus und einigen Alchimisten. Erst mit dem Auftritt der Chemie als wichtiger Naturwissenschaft gegen Ende des 18. Jahrhunderts war die Zeit für Analyse und Synthese als die anfangs hauptsächlichen Richtungen dieser Art von Forschung gekommen. Es lag im Wesen der Dinge und war, intellektuell gesprochen, eine gesunde Entwicklung, daß die einzelnen Wissenschaften, wie sie wuchsen und selbständiger wurden, gleichzeitig miteinander immer mehr in Berührung kamen. Die Forscher waren sich bewußt, daß hoch über allen einzelnen Wissenschaften die eine Natur stehen mußte. War sie doch, wie schon ihr

Name andeutete, die bei aller Einheit immer neu Geborenwerdende. Schon die Vorsokratiker hatten erkannt, daß hinter dem Singular Natur eine ganze Welt von Erscheinungen verborgen war.

Oberflächlich betrachtet dauerte der allmähliche *organische* Wuchs der Naturwissenschaften bis etwa zur Mitte unseres Jahrhunderts an. Man konnte noch immer ohne Zögern von der „Kleinen Wissenschaft" sprechen. Wenn auch die den angewandten Wissenschaften gewidmeten Arbeitsstätten zum Teil bereits sehr groß waren, blieben die Institute der reinen Forschung klein, und in Amerika sogar meistens winzig. Der große Bruch kam im Zweiten Weltkrieg, im Kampf gegen die Nazipest, dessen wissenschaftliche Früchte sich allerdings über Japan entluden. Jedenfalls kann man sagen, daß mit dem *Manhattan Project* die Naturforschung in etwas Neues eintrat, in die Große Wissenschaft. Die Namen der meisten Disziplinen blieben unverändert, aber wofür sie standen, war etwas verhängnisvoll Verändertes.

Der unglaubliche Publikumserfolg - allerdings war ein Teil des Publikums damals bereits umgebracht -, dessen die Atomspaltung sich rühmen konnte, war einer der Hauptgründe, warum sich immer mehr junge Leute dem Studium der Naturwissenschaften zu widmen begannen. „Doing research" wurde populärer als „working on Wall Street". Mit dem Aufkommen eines riesenhaften Forschungsbetriebs bildete sich der völlig neuartige Stand der Wissensproduzenten, deren immer wirksamer werdende Lobby dafür sorgte, daß die öffentlichen Gelder nicht versiegten, sondern zunehmend größer wurden. Solche Unternehmen wie die Mondexpedition oder das *Human Genome Project* können mit den Pyramiden des alten Ägypten verglichen werden, Zeugnisse eines gigantomanischen Begräbniskults.

Die zur Kolonie erklärte Natur, ja sogar der Weltraum, mußten die den Großmächten verlorengegangenen Kolonien ersetzen. Kolonien erfordern eine sehr große Bürokratie, sie brauchen Prokonsuln und Gouverneure und können ohne eine alles anfressende Korruption nicht existieren. Von all dem sind die Wissenschaften in meiner Zeit nicht verschont geblieben. Was einst schüchternes Zwiegespräch war, ein fast mönchisches Unternehmen, wurde eine schreiende Massenversammlung, streitend, stehlend, schwindelnd, lügnerisch werbend. Als ich meine Laufbahn begann, waren von mehr als zwei Namen gezeichnete Publikationen eine große Seltenheit. Vor kurzem las ich jedoch in der Zeitschrift *SCIENCE* (*257,* 1468) von einer aus dem Fermilab stammenden physikalischen Veröffentlichung, die 365 Autoren hatte. Ist das nicht eine hübsche Zahl, 365? Wenn jeder der Verfasser einen Tag für seine geistige oder körperliche Mitarbeit brauchte, so war dieses Stück Naturforschung in genau einem Jahr fertig. Noch immer kein Vergleich mit dem Buch Genesis, aber man kommt näher. Vorläufig braucht also Gott um seinen Platz im *Guiness Book of Records* nicht besorgt zu sein. Ich entnehme aber der oben genannten Quelle, daß an einem für den „Super Collider" geplanten Experiment 900 Forscher beteiligt sein werden – und da wird es gefährlich.

Forschung, einst eine karge Freude für die wenigen, ist jetzt für ganz andere wenige ein sehr lukratives Gewerbe geworden, für die meisten aber ein bloßer „Job". Ähnlich den keuchenden Ziegelträgern am Pyramidenbau wird die Mehrzahl der jetzt an der Forschung Beteiligten ein lebenslängliches Korps wissenschaftlicher Leibeigener bilden, ausgesetzt allen Schwankungen der Politik und der Ökonomie, freudlose Säer von

Segen und Gift. Gefragt, warum sie sich auf diesen Beruf eingelassen haben, werden viele antworten, sie hätten es getan, um der leidenden Menschheit zu helfen. Für diese habe ich ein Zitat aus Dostojewskis *Idiot* bereit (3. Teil, 10. Kapitel): „In der abstrakten Liebe zur Menschheit liebst du fast immer nur dich selbst." Und was die Hilfe für die leidende Menschheit betrifft, habe ich den Eindruck, daß die seit zwei Jahrzehnten wütende Aids-Epidemie keineswegs der Gegenstand eines Ruhmesblattes sein kann, sondern eine wahre Blamage für die modernen medizinischen Wissenschaften. Diese geheimnisvolle Krankheit ist vorläufig eher in die *chronique scandaleuse* der Wissenschaft eingegangen als in die Annalen ihrer Erfolge. Vielleicht ist diese fürchterliche Heimsuchung einer wertvollen Generation ein Vorgeschmack der 770 Plagen, die ich auf das nächste Jahrhundert zukommen sehe.

Jetzt gibt es auf der Welt Millionen von Leuten, die vorgeben, Naturforschung zu betreiben. Und so werden alltäglich ungezählte Neuigkeiten über große Entdeckungen auf uns losgelassen, in den Zeitungen, im Rundfunk und Fernsehen; Entdekkungen, die viel versprechen und wenig halten: Abschaffung des Altwerdens und des Tods, Heilung der meisten Krankheiten, Nahrungsmittel für die ganze Welt usw. Neue Industrien schießen auf, die, während sie uns das Geld aus den Taschen ziehen, reine Sonnenstrahlen verspinnen. Wenn die Sonne untergeht, machen die Fabriken wieder zu. Aber noch etwas ist untergegangen, nämlich das letzte bißchen von Wirklichkeit, das uns noch berührte: die Natur, deren letzte Herrlichkeiten unsere Väter vielleicht noch empfinden konnten; der Schmerz und die Freude des Lebens, die Wehmut des Anfangs und des Endes, des Blühens und des Welkens. Einmal werden die Menschen sich fragen müssen, ob es einen Sinn gehabt hat, mit ihren Geldern diese Horde von Wissensgschaftlern zu erhalten. (Ich möchte der deutschen Sprache meinen Dank dafür aussprechen, daß sie es möglich macht, mit einem kleinen G und einem kleinen L allerhand auszudrücken.)

VII

Es ist oft von nicht übermäßig origineller Seite eingewendet worden, niederzureißen sei leicht, aufzubauen sei schwer. Ein in New York Lebender wird dem kaum beistimmen: Es ist keineswegs leicht, einen Wolkenkratzer niederzureißen. Auch andern üblen Gewohnheiten kann nur die Zeit beikommen. Das weiß natürlich jeder Nörgler, und er wäre sehr überrascht, hätte seine Kritik auch nur die geringste Wirkung. Erhörte Kritiker können ihren scheinbaren Erfolg nur dem Umstand zuschreiben, daß sie sich, hyänenartig, vor dem Gegenstand ihres Tadels aufgestellt hatten, gerade als er im Sterben war.

Das Fallende zu stoßen ist jedoch nicht die Aufgabe dieser Bemerkungen. Wenn man sich über einen Mißstand beklagt oder einen Zustand bedauert, so tut man dies nicht in der Hoffnung, daß er sich daraufhin wegbegeben werde. Man kann nur Zeugenschaft leisten für eine Zukunft, die es wahrscheinlich nicht geben wird. So ist eine große Anzahl von Schriftstellern, die die Vergangenheit überlebt haben, als eine Art von Belastungszeugen auf uns gekommen. Auch Musik und Kunst sind aus allen Zeiten als Zeugen vorhanden, obgleich nicht als belastende. Wir können nur die Frische, die Spontaneität, oft auch die Heiterkeit des Geschaffenen bewundern und beneiden. Wenn man sozusagen eine geistige Archäologie betreiben will, indem man die Schöpfungen der verschiedenen Perioden chronologisch aufreiht, kann man die Bruchlinien leicht erkennen, wenn sie auch für die verschiedenen Arten nicht immer koinzidieren.

Was ich zuerst bemerke ist, daß sich in alle geistigen Schöpfungen gleichsam Anführungszeichen hineingedrängt haben. Die Werke werden parodistisch, *tongue in cheek,* wie es auf englisch heißt. Es herrscht eine Atmosphäre des Als-ob, man zwinkert, man weiß, daß alles eigentlich anders gemeint ist oder überhaupt nicht. Je dünner die Leistung, desto dicker die notwendig gewordene Auslegung. T. S. Eliots *The Waste Land,* vielleicht die berühmteste Dichtung unseres Jahrhunderts, mag als Beispiel gelten. Das Gedicht umfaßt nicht viel mehr als vierhundert Zeilen, von denen etwa die Hälfte aus Zitaten oder Anspielungen auf alte Legenden besteht; der hermeneutische Riesenschwanz, der sich zwecks Exegese daran gehängt hat, setzt sich aus vielen Tausenden von Druckseiten zusammen. Dabei ist Eliot gewiß ein bedeutender Dichter gewesen, der seine Zeit so ehrlich ausdrückte wie er nur konnte.

Wenn ich gerade vorher von Bruchlinien gesprochen habe, so scheint es mir, daß Malerei oder Musik etwas früher daran waren als Dichtung. Fauvismus, Kubismus, Zwölftonmusik usw. waren bereits salonfähig als, sagen wir, *Finnegans Wake* herauskam. Tatsächlich hat dieses seltsame Buch, wie auch viele andere Dichtungen neuen Ursprungs, noch immer - nach mehr als 50 Jahren - nicht die Aufnahme gefunden, die seinen Artgenossen in den andern Künsten schon längst zuteilgeworden ist. Das hängt, um es primitiv auszudrücken, damit zusammen, daß wir Schall und Bild viel leichter sozusagen abdrehen können als Wort und Syntax. Ich fühle mich nicht kompetent, den Zusammenhang zwischen Denken und Sprechen zu erörtern noch auch die Rolle der Sprache im menschlichen Bewußtsein. Wenn die Gedanken verfaulen, verfault die Sprache. Aber mit auch noch so verfaulten Gedanken konnte z. B. die österreichische oder die amerikanische Operettenindustrie die süßesten Banalmelodien emporzaubern.

VIII

Manchmal, als ich noch freier denken konnte, habe ich mich gefragt, wie wir, die jetzt leben, einem uralten Redivivus - einem Vorsokratiker, einem Scholastiker, einem Florentiner aus der großen Zeit - vorgekommen wären. Ich glaube, sie wären alle zur Überzeugung gekommen, daß sie es mit konsumierenden und koitierenden Leichen zu tun haben. Was wir Freiheit nennen, wäre ihnen als die ärgste Form der Knechtschaft erschienen. Denn wir sind die Sklaven geworden einer gewaltig zunehmenden Macht, nämlich des Fortschritts. Über eine immer kahler werdende Landschaft gejagt von Wissenschaft und Technik, Tag und Nacht von Maschinen beherrscht und geleitet, ist der Abstand zwischen Menschheit und Menschlichkeit[1] unendlich groß geworden. Was ist gesche-

[1] Das Englische unterscheidet seit etwa 1700 zwischen *human* and *humane*. Im Deutschen tritt diese Unterscheidung wenig später auf, aber nur in den Substantiven. *Menschheit* und *Menschlichkeit* bedeuten leider nicht dasselbe. Hier sei an Logaus ausgezeichnetes Sinngedicht erinnert:

Die Vernunft

Gott gab uns die Vernunft, dadurch uns zu regieren;
Wir brauchen die Vernunft, dadurch uns zu verführen.
Ein Mensch hat zwar Vernunft, lebt aber wie ein Viech;
Ein Viech hat nicht Vernunft, lebt menschlich gegen sich.

hen, warum hat sich eine stumme Trauer auf die Welt gesenkt?

Um mir das zu erklären, habe ich zu einem Begriff der christlichen Theologie Zuflucht genommen, zu dem Begriff der Kenosis. Im Griechischen bedeutet dieses Wort das Sichausgießen, das Sichleermachen; einen Vorgang, auf den der Philipperbrief (2, 7) anspielt. Die Stelle lautet in der Vulgata

> „. . . sed semet ipsum exinanivit, formam servi accipiens“

oder in der Lutherbibel

> „Sondern eussert sich selbs / und nam Knechtsgestalt an.“

Es ist also der Beschluß zur Selbstentäußerung, zur Selbstaushöhlung, indem Gottes Sohn, die zweite Person der Dreifaltigkeit, auf die göttlichen Eigenschaften verzichtend, zum leidenden Menschen wird, zum Knecht auf dem Kreuz.

Im Fall der Menschheit, der in Gottes Ebenbild Geschaffenen, hat der Vorgang der Aushöhlung mehrere Jahrhunderte gedauert; aber schon seit langem konnte man sagen, daß er stattgefunden hatte: Die Menschen hatten sich ihres letzten Berührungspunktes mit der Wirklichkeit, also mit ihrer Menschlichkeit, mit ihrer Ebenbildlichkeit entledigt. Ähnlich dem uns bedrohenden Ozonloch hat sich gleichsam ein Menschlichkeitsloch gebildet; und die Ursachen der beiden Vorgänge sind vielleicht nicht sehr verschieden. Sie wußten das Gute, sie wählten das Böse, jetzt sind sie wie Götter.

IX

Man sagt mir, die freie Marktwirtschaft sei die Lösung. Warum dann die Straßen fast aller großen Städte Mördergruben und Beinhäuser geworden sind, das sagt man mir nicht. Vielleicht hätte der augenlose Teiresias es mir sagen können. Da er jedoch ein ewig zeitgemäßer Seher war, völlig auf der Höhe der neuesten Experimente über die Antimaterie und den Antiwasserstoff, würde er mir vielleicht mitteilen, es handle sich gar nicht um den Verlust der Menschlichkeit und um ein Versinken in Mord und Verbrechen, sondern es sei eben der Antimensch entstanden, ganz beseelt von Antimenschlichkeit. Auf meine Frage, ob er den Teufel meine, bekomme ich keine Antwort.

„Es ist schade um die Menschen!", heißt es in Strindbergs *Traumspiel;* ein Gefühl, das viele teilen müssen, die den Gang der Welt betrachten und ihn mit manchem vergleichen, was früher gewesen ist, solcher Namen gedenkend wie Sophokles und Shakespeare, Bach und Mozart. Aber das war lange her. Außerdem denke ich nicht, daß Strindberg ausdrücken wollte, es sei *jetzt* schade um die Menschen. Er meinte es so im allgemeinen, wie der gefühlvolle Jugendstil seiner Zeit es nahelegte. Sind denn die Menschen erst jetzt schlechter geworden, des vom Dichter beklagten Schicksals eher würdig? Ich glaube es nicht: Schon dem Gilgamesch hätten seine Mitprimitiven gerne ein Bein gestellt, wenn die Gelegenheit sich bot. Zu anderen Zeiten mußten sie sich darauf beschränken, den Grimm im Herzen zu tragen. Jetzt sind jedoch die Menschen wirklich viel verwirrter geworden, unsicherer ihrer selbst. Sie spüren, daß etwas mit ihnen vorgeht, das sie sich weniger erklären können als ihre Voreltern es vermochten.

Da der Mensch jedoch bekanntlich weder ein Engel noch ein Tier ist, sondern mal so, mal so, an Verwirrung ein Riese, an Entschlußfähigkeit ein Zwerg, fällt es ihm schwer, in den fürchterlichen Furchen einer aufgewühlten Zeit seinen kleinen Weg zu finden. Er ist ein Spielzeug der unzähligen

Institutionen geworden, die auf ihn einschreien: Elternhaus und Schule, Leib und Geschlecht, Religion und Radio, Sport und Auto, Arbeitsplatz und dieser hinkende Teufel, der Amüsement heißt. Alles, sogar der lächerlich kategorische Imperativ, gesund zu sein, ist organisiert, man weiß nicht von wem: Der Gang zur Hölle als Touristenattraktion verkleidet, während der Tourenleiter sich in einem Bunker versteckt. Alle sind getrieben, die Treiber längst verwest. Der Kerl, der meine Mutter in den Giftofen stieß, arbeitete für einen kleinen ehrlichen Lohn; er tat, wie alle, seine Pflicht und hätte, wäre der Befehl gekommen, auch seinen eigenen Kindern die Ohren abgeschnitten. Diese, sollten sie davongekommen sein, werden später das gleiche tun, vielleicht mit glattrasierten Köpfen. Das Weltgewissen - ebenfalls eine Institution, jedoch mit Krawatte - wird die Hände ringen.

Was kann der verzweifelte Betrachter seiner Zeit zu all dem sagen? Niederreißen ist leicht, man macht sich nur die Hände schmutzig. Aber aufbauen? Man kann ja nicht die Zukunft aus Schmalz errichten, wie es unsere Kunst jetzt manchmal tut, da muß man schon etwas Festeres finden.

X

Immer haben die Leute den Klageweibern aller Sorten zugerufen: „Macht's besser!" Aber was konnten die Armen tun? Sie arbeiteten für einen geringen Sold und standen in ihrer gemeinnützigen Tätigkeit meistens einem irreversiblen Vorgang gegenüber, dem Tod. Auch der Verfasser dieser Zeilen arbeitet für einen geringen Sold, auch er steht einem irreversiblen Vorgang gegenüber, dem Tod der Welt, wie er sie gekannt hat.

„Ein einzelner Mensch kann einer Zeit nicht helfen oder sie retten, er kann nur ausdrücken, daß sie untergeht.“ So heißt es schon bei Kierkegaard, der uns allerdings in zahlreichen Schriften gelehrt hat, daß der Einzelne doch etwas tun kann, nämlich Konsequenzen zu ziehen. Das Zitat stammt aus den Tagebüchern des Jahres 1849. Und wenn wir schon dabei sind, ein weiteres aus dem vorhergehenden Jahr: „Alle sittliche Erziehung besteht vor allem darin, daß man vom Augenblicklichen entwöhnt wird.“ Mit dem Augenblicklichen sind, denke ich, alle vorher genannten Institutionen gemeint, in deren Umklammerung wir ersticken. Tatsächlich ist fast unser ganzes Dasein ein Kampf mit, ein Leiden unter rasch entstehenden und nicht mehr loszuwerdenden Einrichtungen, die angeblich zu unserem Nutzen existieren, aber in Wirklichkeit uns die letzte Freiheit nehmen, die des Selbstseins.

Was sollen wir also tun? Es hat berühmte Bücher dieses Titels gegeben, aber sie nützten nichts und milderten nicht das Leiden der Welt. Früher hatte ich gedacht, daß die Erbsünde des Menschen darin besteht, daß er an sie glaubt. Jetzt denke ich eher, daß er zu wenig an sie glaubt. Die einzige Rettung kann nur davon kommen, daß jeder einzelne sich am eigenen Schopf aus dem Dreck hinaufzieht. Es handelt sich also darum, daß möglichst viele einzelne anständige Menschen aufwachen, ohne jemals einander zu kennen. Keine Organisation, keine Mitgliedsabzeichen, keine Fahnen, keine Losungen, sondern ein Keimen im langsam gesundenden Erdboden. Unsere Welt ist jetzt so verdummt, daß die Menschen nicht mehr verstehen, daß allein der schwärzeste Pessimist wirklich hoffen kann. (Das ist eigentlich nur eine andere Art zu sagen, daß es jetzt nicht genug Verzweifelte gibt.)

Ich bin mehrmals darauf hingewiesen worden, daß ich die Wendung „ein anständiger Mensch" sehr oft verwende, aber ganz ohne Definition. Wenn etwas klargemacht wird, wird es oft dunkel, und so bin ich kein Freund von Erklärungen. Unsere Naturwissenschaften begannen erst dann zum Teufel zu gehen, als sie sich in Erklärungswissenschaften verwandelten. Als die Forscher apokalyptische Maulwürfe waren, waren sie bessere Forscher. Als ich selbst noch Chemiker war und mein Latein noch nicht vergessen hatte, war mein Wahlspruch *Fodio in tenebris.* („Ich grabe im Dunkeln.")

Meine Vorstellung vom „anständigen Menschen" ist von kindlicher Einfachheit und steht schon in der Bergpredigt und in allen alten Büchern der Weisheit. Ich halte eine Definition für unnötig, bis auf vier von mir angehängte Kodizille, von denen schon das erste geeignet ist, das jüngst entstandene seltsame Gewerbe der Bioethiker zum Lachen zu reizen. Es lautet nämlich: *Laß dich nicht blöd machen.* (Alle Mächte der Hölle, die im wesentlichen mit Propaganda und Reklame zu tun haben, aber auch mit dem dummen Schlagwort von der „Informationsexplosion" und mit der allgemeinen Gehirnwäscherei, haben sich verschworen, den Menschen einzuwickeln. Das kann man mit Skepsis bekämpfen oder, noch wirksamer, mit völliger Uninteressiertheit an allem, was der Welt interessant erscheint. Es geht also darum, vor jeder aufregenden Neuigkeit oder Neuheit in einen tiefen Rip-van-Winkle-Schlaf zu verfallen. Das Ideal der Rückständigkeit wird jetzt viel zu wenig hochgehalten.)

Die weiteren Anhängsel zu einem nicht geschriebenen Testament bedürfen kaum eines Kommentars. Sie sind: 1) Bekämpfung des perniziösen Gewissensschwunds. (Gibt es überhaupt noch den Begriff des menschlichen Gewissens?) –

2) Wiederbelebung der Ehrfurcht vor der vergangenen Größe der Menschheit. – 3) Enthaltung von *irreversiblen* Beschädigungen der Umwelt. Wir müssen endlich lernen, daß die Welt nicht das Eigentum der jetzt lebenden Menschen ist; sie sind nur die Gäste der Zukunft. Aber gerade weil die Gäste sich jetzt so besonders schlecht benehmen, muß ich zweifeln, daß es eine gute Zukunft gibt.

NACHWORT

Armes Amerika - Arme Welt? Ich habe mit Amerika angefangen, weil ich es für paradigmatisch halte. In einer Zeit des blind und schrankenlos triumphierenden Kapitalismus hat es der ganzen Welt seine Jeans und seine Sweatshirts angezogen, aber es muß zugegeben werden, daß die lerneifrigen Schüler ihren Lehrern in manchem voraus sind und es vielleicht schon waren, als sie zu lernen begannen. So ist zum Beispiel so etwas wie der deutsche Nationalsozialismus der Jahre 1933 bis 1945 in Amerika nicht vorstellbar, schon weil die Amerikaner kein gehorsames Volk sind. Noch immer leben irgendwie die Stimmen der großen Generation, die das Land schuf, Stimmen einer ruhig-festen Aufsäßigkeit, der man in Europa selten begegnet. Das Volk, heruntergekommen wie es ist, hat noch immer das bewahrt, was im englischen Wort *fairness* enthalten ist.[1]

Als ich vor ein paar Wochen in der Zeitung las, wie an vielen Orten in Deutschland Jugendliche, mit kahlen oder anderen Schädeln, umherzogen, um ein Klein-Auschwitz zu errichten; als ich vom Flammentod - nach dem sie sich nicht sehneten - dreier armer Türkinnen hörte, weigerte sich einige Tage meine aus Deutschland stammende Füllfeder, deutsch zu schreiben. Ich versuchte sie umzustimmen, indem ich ihr von den Massenprotesten, den stummen Prozessionen mit Tausenden von Kerzen erzählte. Aber sie antwortete unwirsch: „Mit Kerzerln wirst du den Teufel nicht austrei-

---

[1] Das Wort scheint unübersetzbar zu sein. Mein kleiner *Langenscheidt* schlägt Schönheit, Blondheit, Gerechtigkeit, Redlichkeit, Billigkeit vor. Aber genauso wie beim Wort *gentleman:* keiner der Vorschläge bringt das heraus, was das Wort für den englischen Sprecher ausdrückt.

ben.“ Dann aber las ich einige Seiten im *Wandsbecker Boten* und in den *Hymnen an die Nacht,* und es ging wieder für einige Zeit. Jedoch nicht für lang, es folgten weitere Brandstiftungen und Morde. Meine Füllfeder murmelte: „Viele niedliche Holokäustchen machen einen großen Holokaust.“ So war denn die Lektüre der *Pandora* angezeigt oder die von *Brot und Wein,* aber selbst da, wo die Sprache zum Logos wird, der aller Dinge Anfang ist, sogar da blieb eine Bitterkeit, die nicht weggehen will. So blieb ich gewiß, daß der Teufel nicht ausgetrieben war. Er hat sich schon einen erstklassigen Logensitz für das kommende Jahrhundert reserviert.

Klett-Cotta
J. G. Cotta'sche Buchhandlung Nachfolger GmbH, gegr. 1659,
Stuttgart 1994

Printed in Germany
Umschlag: Klett-Cotta-Design
Gesetzt aus der Times
von Steffen Hahn GmbH, Kornwestheim
Auf säure- und holzfreiem Werkdruckpapier
gedruckt und gebunden von
Gutmann, Talheim
Zweite Auflage 1994

Die Deutsche Bibliothek - CIP-Einheitsaufnahme
Chargaff, Erwin:
Armes Amerika - Arme Welt : ein Essay / Erwin Chargaff. -
2. Aufl. - Stuttgart : Klett-Cotta, 1994
ISBN 3-608-93291-7